存真書齋仙道經典文庫

主編　蒲團子　副主編　三一子　張莉瓊

悟真篇四註

附註釋

〔宋〕張紫陽　著
〔宋〕薛道光等註
蒲團子　編

心一堂

書　　名：悟真篇四註 附註釋
系　　列：存真書齋仙道經典文庫
作　　者：張紫陽　薛道光　陸西星　翁葆光
編　　訂：蒲團子
責任編輯：陳劍聰
出　　版：心一堂有限公司
通訊地址：中國香港九龍旺角彌敦道610號荷李活商業中心
十八樓05-06室
深港讀者服務中心：深圳市羅湖區立新路六號羅湖商業大廈
負一層008室
電話號碼：(852)90277110
網　　址：publish. sunyata. cc
電　　郵：sunyatabook@gmail. com
網　　店：http：//book. sunyata. cc
淘寶店地址：https：//shop210782774. taobao. com
微店地址：https：//weidian. com/s/1212826297
臉　　書：https：//www. facebook. com/sunyatabook
讀者論壇：http：//bbs. sunyata. cc
版　　次：二〇二二年八月初版
平裝

定　　價：港　幣　一百六十八元正
新臺幣　六百九十八元正

國際書號：ISBN 978-988-8583-54-6

中國香港發行：中國香港聯合書刊物流有限公司
地　　址：中國香港新界大埔汀麗路三十六號
中華商務印刷大廈三樓
電話號碼：(852)2150-2100
傳真號碼：(852)2407-3062
電　　郵：info@suplogistics. com. hk

臺灣發行：秀威資訊科技股份有限公司
地　　址：臺灣臺北市內湖區瑞光路七十六巷
六十五號一樓
電話號碼：+886-2-2796-3638
傳真號碼：+886-2-2796-1377
網絡書店：www. bodbooks. com. tw
臺灣秀威書店讀者服務中心
地　　址：臺灣臺北市中山區松江路二〇九號一樓
電話號碼：+886-2-2518-0207
傳真號碼：+886-2-2518-0778
網絡書店：www. govbooks. com. tw

中國大陸發行
零　　售：深圳心一堂文化傳播有限公司
地　　址：深圳羅湖區立新路六號
羅湖商業大廈負一層008室
電話號碼：(86)0755-82224934

善的十條真義

學理重研究不重崇拜
功夫尚實踐不尚空談
思想要積極不要消極
精神圖自立不圖依賴
能力宜團結不宜分散
事業貴創造不貴模仿
幸福講生前不講死後
信仰憑實驗不憑經典
住世是長存不是速朽
出世在超脫不在皈依

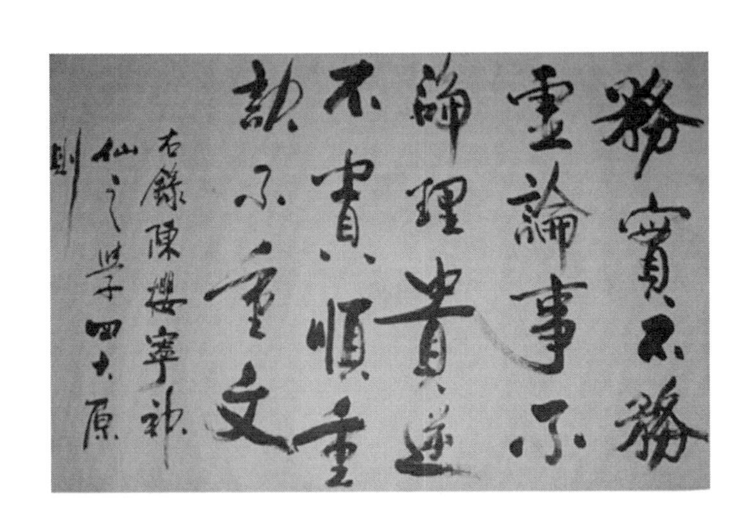
務實不務虛
論事不論理
貴逆不貴順
重訣不重文
右錄陳攖寧神仙之學四大原則

神仙學術四大原則

務實不務虛

論事不論理

貴逆不貴順

重訣不重文

存真書齋仙道經典文庫緣起

仙道學術，淵遠流長，自軒皇崆峒問道，至今已歷數千年。然歷代仙道大家之經典著述，由於時代之變遷，或埋於館藏，或收於藏海，或佚於民間，或存於方家，若欲覓之，誠爲不易。故對一些孤本要典進行重新編校整理，以免其失落，實屬必要。存真書齋仙道經典文庫之編輯，即由此而起。

存真書齋仙道經典文庫之整理計劃始於二〇〇四年，雖已歷五年，然由於諸多原因，公開出版頗費周折，文庫之第一種道言五種僅以自印本保存，流通之願難以得償。香港心一堂出版社社長陳劍聰先生，雅好道學，嘗以傳播中華固有之傳統文化爲己任。在得知存真書齋仙道經典文庫出版之困難後，遂致電於愚，願將文庫公開出版，以廣流通。善莫大焉。

存真書齋仙道經典文庫之整理出版，意在保留仙道文化之優秀資料，故而其所入選者，以歷代具有代表性的仙道典籍或瀕於失傳之佳作爲主，内容皆須合乎正統仙道之原則，不涉邪僞。凡不合乎於此者，縱爲珍本，亦不在整理之列。

本文庫之整理出版，得到了胡海牙老師的大力支持，及存真書齋諸同仁的通力協助，在此謹致以衷心的謝意。另外，還要特別感謝心一堂出版社陳劍聰先生對文庫出版所提供的方便，及張莉瓊女士、王磊龍靈老弟、劉坤明先生爲文庫的整理、出版所付出的努力與關心。

願文庫之出版，能爲仙道文化資料之保存小有裨益，則愚等之願遂矣。

己丑夏日蒲團子於存真書齋

編輯大意

一　悟真篇四註是存真書齋仙道經典文庫第十七種。收錄悟真篇四註一種，附錄悟真篇註釋一種。

二　悟真篇四註，係薛道光、陸子野、陳致虛悟真篇三註，合陸西星悟真篇詩小序而成。陸西星云：「悟真篇者，紫陽真人所作也，三賢註之詳矣。但篇章浩翰，讀者病焉。予會其意作爲小序，冠諸篇首，比之毛公詩云。」悟真篇詩小序，以「小序」冠諸標題之先，詩後又附陸西星之註及其對薛、陸、陳三註之評述，是爲三註之完善。故將四註合一，以方便閱讀。標題依悟真篇詩小序，篇目排列依道藏本。

三　悟真篇註釋，署名翁葆光註。此註與薛道光註文字多有相同，後世有認爲薛註即翁註者，也有認爲薛註即薛註，不可斷然歸爲翁註者。故是註與薛註，頗有爭議。今以道藏本爲據，收錄悟真篇註釋，以供參考。悟真篇註釋原無序號標題，在整理時均加之，以方便閱讀。

四　本書採用版本，悟真篇三註、悟真篇註釋以道藏本为主，参考其他版本。由於道藏本錯漏頗多，凡明顯錯漏，經参校其他版本，均直接改之。尚有明知有誤，而改之無據者，姑仍其舊。無論改与不改，均不做校記。悟真篇小序以鄭觀應刻本爲主，参校了明末孩堂版。

五　本書整理過程中，三一子先生、張莉瓊女士及柱下文化同仁提供了很多幫助，謹表謝意。同時，感謝香港心一堂出版社及陳劍聰先生的支持。

二〇二二年五月十六日壬寅年四月十六日蒲團子於玄玄居

存真書齋微信公眾號

柱下文化微信公眾號

目錄

悟真篇四註

悟真篇註釋

紫賢薛道光　子野陸墅　上陽子陳致虛　潛虛子陸西星　註

悟真篇四註

悟真篇記

張平叔先生者，天台人。少業進士，坐累謫嶺南兵籍。治平中，先大父龍圖公詵帥桂林，取置帳下典機事。公移他鎮，皆以自隨。最後公薨於成都，平叔轉徙秦隴。久之，事扶風馬默處厚於河東。處厚被召，臨行，平叔以此書授之，曰：「平生所學盡在是矣，願公流佈，當有因書而會意者。」默爲司農少卿，南陽張公履坦夫爲寺主簿。坦夫曰：「吾龍圖公之子壻也。」默意坦夫能知其術，遂以書傳之坦夫。坦夫復以傳先考寶文公。余時童丱，在傍竊取而讀之，不能通也。先公帥秦，陽平王箴袞臣在幕府，因言其兄沖熙先生學道，遇劉海蟾得金丹之術。沖熙謂：「舉世道人，無能達此者，惟獨張平叔知之。成道之難，非巨有力者不能也。」沖熙入洛，謁富韓公，賴其力而後就。余時年少氣鋭，雖聞其說，不甚介意，亦不省所謂平叔者爲何人。邇來年運日往，志氣日衰，稍以黄老方士之術自治。有以金丹之術見授者，曰：「神者生之體，形者神之舍；道以全神，術以固形；神全而形固，則去留得以自如矣。」因卜吉戒誓傳法，既竟，再謂余曰：「九轉金液大還丹，上聖秘重，不可輕易洩漏也。異日各見所授，先依盟誓，又須自修功成，方可審擇而付之。蓋欲親歷其事，然後開諭後學，俾抽添運用之時，得免危殆，則形神俱妙之道，由是著矣。古今相傳，皆有斯約，違者必有天譴，豈不知平叔傳非其人，三遭禍患者乎？子當勉之，宜無忽焉。復序其所從來，得之成都異人者，豈非海蟾耶？且沖熙成丹之難，及於世之所謂道人者無所許可，唯平叔一人而已。」其言與予昔者所聞於衮臣者皆合，因取此書讀之，始悟其說。又考世之所傳呂公沁園春及海蟾詩詞，無一語不相契者，是以知淵源所來，蓋有自矣。今好事者，多收此篇，而文理頗有不同。疑其初成，未經裁益時已有傳之者。爾亦嘗參較其舛誤二十餘處，而尤甚者，如詩所謂「纔見芽生須急採，若逢望遠不堪嘗」，此本乃改云「鉛見癸生須急採，金逢望後不堪嘗」，蓋補完丹訣於其間，顯見世之所傳辭旨，有所未善也。其別本復有「了悟真如」一絕，此乃以歐冶鑄劍之事易去之緣。平叔自爲悟真篇後序曰：「此悟真篇中所歌詠大丹藥物火候，細微之訣無不備悉，觀之可以尋文解義。」苟無是詩，則變鍊金木之妙何從而得之？其文簡而理隱，故出此篇以繼成其事，然後金木還返之旨，煥然可推。大丹既成，而聖胎可結也。

學者當知此書傳之寖廣，獨吾家之本爲真，蓋平叔之所親授者也。余雖得之，願力不足，當求同志者共成之，因以託其自悲之意於末云。

朝奉郎陸思誠謹記

悟真篇註始末

道光禪師，在毗陵水由寺有碑可考。道光，姓薛名式，字道源，陝府鷄足山人也。嘗爲僧，法號紫賢。雲遊長安，留開福寺，參長老修岩。修岩與道眼因緣：「金鷄未鳴時，如何没這音響？」又參僧如環：「如何是超越佛祖之談？」「糊餅圓陀陀地。」因桔槔頓有省悟，有頌曰：「軋軋相從響發時，不從他得豁然知；桔槔說盡無生話，井底泥蛇舞柘枝。」二老然之。自是頓悟無上秘密圓明真實法要，機鋒迅捷，宗說兼通，積有年矣。一日，復悟如上皆這邊事，辯論縱如懸河，不過是說禪談道；兀坐饒經億劫，終不能養命長生。惟達磨、六祖，先已得法，猶必抵東土以求成道；祖已悟性，然必參黃梅以求傳法。二公所爲，豈止如是哉？且復雅意金丹修命之道，必有秘妙處，盡力參訪。

崇寧丙戌歲冬，寓郿縣青鎮，聽講佛寺，適遇鳳翔府扶風縣杏林驛道人石泰字得之，年八十五矣，綠鬢朱顏，神宇非凡。夜事縫紉，道源察焉，心因異之，乃試舉張平叔詩曲爲問。得之曰：「識斯人乎？吾師也。」因語其故曰：「平叔先生，舊名伯端，始遊成都府，宿天回寺，遇異人，改名用成，授以丹訣。後因洩露，妄傳獲譴。鳳州太守怒，按以事，坐黥竄。由邠境，會大雪，與護送者飲酒村肆。吾適在肆，既揖而坐。見邀同席，於是會飲。酒酣，問其故，一一具告。泰念之曰：『邠守，故人也，樂善忘勢，不遠千里。』平叔曰：『能迂玉趾，有因緣可免此行。』護送者亦許之，乃相與之邠。一見獲免。平叔謂得之曰：『此恩須報，予平生學道，先所得聞，今將丹法用傳於子，子可依之修鍊以成道。』泰再拜，受付囑。」道源既聞得之說是語已，即發信心，稽首皈依，請因受業，卒學大丹。得之悉以口訣真要授之。既而戒之曰：「此非有巨室外護，則易生謗毀，可疾往通邑大都，依有力者可即圖之。」道源棄僧伽黎，幅巾縫掖，遂來京師，和光混俗，以了大事，方知此書句句開明，言言透露，惜乎世人不得真師開悟，猜疑訕謗。

靖康之初，道源撰復命篇，祖述此書，以曉後學。今四十餘年，意欲隱去，方見葉文叔以意猜註，不得口訣。道源惻焉，今特推廣其意，表裏煥然，餘蘊無留藏矣。後之覽者，得以尋詳，釋其疑惑，不俟諮問，自能了了，所以成平叔先生之志也。然而道源既著此書，垂世傳道，亦將緘默，自此隱矣。且不敢顯名註之，但云「無名子」，若祖經云「無名天地之始」之義。方來有獲斯文者，宜加秘密。

此書上天所寶，在在處處，自有神明營衛護持。若有志士，信道明真，言行無玷，審是修行，然後付焉。金玉堆裏，不可與焉；父子至親，亦勿與焉。蓋輕洩妄漏，身則受殃，門户有灾，子孫不祥。豈止如是，又將禍延七祖，永不受生。切戒毋忽。

乾道五年乙丑歲中秋日前孫薛式書，後二十八年陽生日，商邱老圃今是翁元王真一再拜繕錄

陸子野註悟真篇序

正人行邪法，邪法悉歸正；邪人行正法，正法悉歸邪。噫！金丹之道，大概如此。苟差之毫釐，則失之千里。是道者，一陰一陽之道也。得其道，則我命在我，身外有身，與天齊年，享其永壽，百姓日用而不知之，皆流於情僞愛慾之歸矣。

夫物不得陰陽則不生，何哉？畢竟陰陽合而然也。但有生人生仙之別爾，仙師所謂「逆爲丹母順爲人」者，此也。其法至簡至易，凡夫俗子信而行之，神仙可致，況上士乎？丹經垂救後世，多以譬喻爲辭，不截然而直指者，非秘吝也。蓋患世人信不能及，反爲毀謗。故爾此道鑿鑿，可以出生死。且如龍虎上經云：「磁石吸鐵，隔礙潛通，何況萬物，配合而生。」參同契云：「物無陰陽，違天背元；牝鷄自卵，其雛不全。」學者須要察認仙師此意，還且說個甚麼。

僕自幼潛心此道，亦有年矣。道不負人，天其憐我，獲遇聖師一語，方知妙在目前，參諸丹經，洞然明白。審一身之中所產者，無非汞爾。蓋於六慾七情之場，醉生夢死之境，易於走失，猶汞之性難制伏也。若非得真鉛以制之，使其交媾結成聖胎，將見春而秋，朝而暮，日復一日，斲喪殆盡，至於四大不起，可不痛歟！是篇詩云：「休施巧僞爲功力，認取他家不死方；壺内旋添延命酒，鼎中收取返魂漿。」又曰：「須知死户爲生户，莫執生門號死門；若會殺機明反覆，始知害裏却生恩。」作丹之要，於此二詩可見其底藴八九矣。賢哉！紫陽真人之用心也。惜乎世人，宜假而不宜真，當面蹉過而誰肯認？悲夫！

僕既得師一訣而粗知緒餘，更無别道以加此矣。而所難者，力薄志劣，則不能行。嘗觀古人抱朴子得此道二十年，家無儋石之蓄，不得爲之，徒有長歎，三復此語，實可悲哉！此道正是知行兩途不可同日而語。昔杏林真人授道光禪師，且囑之曰「可疾往通邑大都依有力者方可圖之」。後道光禪師領旨如教，棄僧伽黎，幅巾縫掖，復俗以了其事。詳而質之，可無疑矣。

僕不自愧僭，以愚得於此書下一註脚。語雖草率，而旨意甚親，萬一賢明同志者見而豁然默悟，了此妙道，何異如僕之得也。苟有識見卑污，根器凉薄，素溺於名相之人，妄意竊謗爲三峯採戰之術者，是所謂孔子不得不哭麟，卞和不得不泣玉。嗚呼！惟祖師神明鑒之。

后裔子野陸墅序

上陽子註悟真篇序

「形以道全，命以術延」，此語盡備金丹之說。南華老仙云：「魚相忘於江湖，人相忘於道術。」老子曰：「上德無爲而無以爲，下德爲之而有以爲。」上德者，內丹之不虧，故以道全其形；下德者，外丹之作用，故以術延其命。若求天仙，須兼內外而修。

何謂道？亦如治國也。天下太平，國家無事，此聖人上德之道，行無爲之化。雖有智士良將，無所用之。何謂術？若天下擾攘，兵役疊起，苟無智士良將，豈庸人所能制治哉？即如人身，初生神氣渾全，復以道而養之，則籛鏗之壽，信未爲多，此人之上德也。倘年壯氣盛，與嗜慾俱，若非外丹之術，曷延其命？深斯道者，則道爲體，術爲用。假術以成其道者，猶借良智以安其國。

然吾所謂術者，則非小伎也，乃天地陰陽造化生生之道也。如順則生物生人者，是後天地之道也；逆則成仙成佛者，是先天地金丹之道也。此所謂術者也。故列聖相傳，必師其術以裨其道。伏羲周孔之易術也，故曰「一陰一陽之謂道」。孔子曰：「慎斯術也，以往其無所失矣。」釋云「佛法」者，法即術也。是以華嚴合論云：「一切巧術智增悲妙。」道曰黃老之術，蓋言黃帝、老子皆以此而成道也。三教一家，實無二道。

天台紫陽真人悟真篇詩詞歌章，明示金丹之術，以全久視之道。故真人自序云：「黃老悲其貪著，乃以修生之術，順其所欲，漸次導之。」子野序亦云「正人行邪法，邪法悉歸正」者，此皆深得其旨。其用則精氣神，其名則云「金丹」。吐露洩盡，世無知音者。況道光禪師及陸真人解註極爲明白，而一切人不參其陰陽造化，有必不可也。外道乃指爲傍門，甚云三峯採戰之說者，豈不惜哉！

道之不行也，有三焉：上根法器者不遇真師，遂入空寂狂蕩，一也；中庸之士，愚執無師，謬妄猜臆，二也；下士愚人，逐波隨流，不信有道，三也。如葉文叔、袁公輔輩，臆度妄註，却引仙經古語證之，竟至玉石不分，果有何益？

致虛首聞趙老師之旨，未敢自足。後遇青城老仙之秘，方知陰陽造化，順則人、逆則仙之理，無復更議。至如象月出庚、陽生火候之奧，青城之訓爲最的而易行。今不敢秘，乃悟真篇每章之下出數語者，則薛、陸所藏餘蘊，更爲申之，使後來人不迷於疑網。

噫！世之信道而行者，鮮而復鮮，金丹之道未有若此悟真篇之親且切矣。上有純陽、海蟾之面授也，我重陽、丹陽諸老仙之語亦與是合，況杏林、道光、泥丸、紫清代相授受，皆以是而證仙道。世因稔聞而厭聽此，雖三尺童孩，亦知世有神仙之術，時人乃多訕謗者，抑不思之甚也？且青城翁授僕真訣，既而囑曰：「後必有王侯大人，求師於子。夫道不可禁秘，又不可妄洩，孰能審之？吾有一驗法，頗得其情實，今以授子，可沙裏淘金去也。」

僕承師授，寢食若驚，首授田候至陽子，遍遊夜郎、邛水、沅芷、辰陽、荊南、二鄂、長沙、廬阜江之東西，凡授百餘人，皆只以道全形之旨。至於延命之秘，可語者百無二三。非僕所敢靳也，彼器有利鈍爾。因書於此，使聞道者，各宜勉旃。妙矣哉！雖有拱璧以先駟馬，不如坐進此道也。

金環山北紫霄絳宮上陽子觀吾陳致虛序

紫陽真人悟真篇筌蹄

學仙之至要，雖世之愚人，得其妙訣亦躋聖位。何也？爲堅信不疑而勇於行耳。學者未得真師口訣，望洋而退，否則猜量臆説，説性説命説禪説宗，以逞乾慧，孰知是書？故一絕云：「饒君了悟真如性，未免拋身却入身；何似更兼修大藥，頓超無漏作真人。」是以三教殊途同歸，皆先了性，然後修命，未有知修命而不知了性者。蓋大藥從性而入，方是金丹也。

獨知性者，又烏知玄牝生丹之妙。世多有悟性而不知修命者，故詩謂「名爲四果徒」之句。此乃明空性而不得達磨上乘之教。後之愚人反謂修命之後方求了性，誑惑至此，復奈之何？兼以近世有輩妄人，僞作歌頌記於此書之後，以礬性命之學，如讀祖英集、讀參同契等禪宗歌頌四十餘篇，措辭殊甚鄙陋。似此何能明性？此乃初學無知蓮床上習爲。此等不可捉摸底話，以愚惑世人，今皆削去，毋玷玄文。此輩不究紫陽真人之書，言參妙道，語漏化工，其意甚殊，其言大切。如「先把乾坤爲鼎器，次摶烏兎藥來烹」，又如「鉛遇癸生」「二物會時」之句，其高製妙語，豈識見卑污所能思議？故真人自序云：

「教雖分三，道乃歸一。奈何後世黃緇之流，各自專門，互相非是，致使三家宗要迷沒邪歧，不能混一而同歸矣。」

予項在中書，有志於此，每疑仙與佛爲各道，性與命爲兩途。後蒙師授，方得指歸，始知天下無二道之理。倘非師旨，皆是誑談。歷閱羣書，遍加詢究，此悟真篇前後註釋可見三十餘家，於中有力行而深知；有洞達而未行；有及門而無火候；有略曉而無下手；有不得明師妄自箋註，大失其旨。真人所謂，學者隨量會解，自然成三乘之差。今集薛、陸、陳三家所註，壽梓以行，其意合而旨同，實後學之梯級。

書之來歷，且有數說，是亦後人各述得書之由，所不足信。或云垣中三星潛耀降世，又云燒其蜕得舍利子千百，此皆杜撰，有所不取。明達之士，或是斯言，遵而行之，仙佛可證。

工部尚書張士弘書

悟真篇序

嗟夫！人身難得，光陰易遷，罔測短修，安逃業報？不自及早省悟，惟只甘分待終，若臨期一念有差，墮三塗惡趣，則動經塵劫，無有出期。當此之時，雖悔何及？故老釋以性命學開方便門，教人修種以逃生死。

釋氏以空寂爲宗，若頓悟圓通，則直超彼岸；如有習漏未盡，則尚徇於有生。老氏以鍊養爲真，若得其要樞，則立躋聖位；如其未明本性，則猶滯於幻形。

其次，周易有「窮理」「盡性」「至命」之辭，魯語有「毋意必固我」之説，此仲尼極臻乎性命之奧也。然其言之常略而不至於詳者，何也？蓋欲序正人倫，施仁義禮樂之教，故於無爲之道未嘗顯言，但以命術寓諸易象，以性法混諸微言耳。

至於莊子推窮物累逍遥之性，孟子善養浩然之氣，皆切幾之。

迨夫漢魏伯陽引易道陰陽交姤之體作參同契，以明大丹之作用；唐忠國師於語錄首序老莊言，以顯至道之本末。如此豈非教雖分三，道乃歸一？奈何後世黃緇之流，各自專門，互相非是，致使三家宗要迷没邪歧，不能混一而同歸矣！

且今人以道門尚於修命而不知修命之法，理出兩端：有易遇而難成者，有難遇而易成者。

如鍊五芽之氣，服七耀之光；注想按摩，納清吐濁；念經持咒，噀水叱符；叩齒集神，休妻絕粒；存神閉息運眉間之思，補腦還精習房中之術；以至服鍊金石草木之類，皆易遇而難成者。以上諸法，於修身之道，率皆滅裂，故施功雖多，而求效莫驗。若勤心苦志，日夕修持，止可以辟病，免其非横，一旦不行，則前功漸棄。此乃遷延歲月，必難成功。欲望一得永得，還嬰返老，變化飛昇，不亦難乎？深可痛傷！

蓋近世修行之徒，妄有執著，不悟妙法之真，却怨神仙謾語。殊不知成道者皆因鍊金丹而得，恐洩天機，遂託數事爲名。其中間惟閉息一法，如能忘機絕慮，即與二乘坐禪頗同，若勤而行之，可以入定出神。奈何精神屬陰，宅舍難固，不免長用遷徙之法。既未得金汞還返之道，又豈能回陽換骨、白日而昇天哉？

夫鍊金液還丹者，則難遇而易成。要須洞曉陰陽，深達造化，方能追二氣於黃道，會三性於元宫，攢簇五行，和合四象，龍吟虎嘯，夫唱婦隨，玉鼎湯煎，金爐火熾，始得玄珠成象，太一歸真。都來片餉工夫，永保無窮逸樂。至若防危慮險，慎於運用抽添，養正持盈，要在守雌抱一，自然復陽生之氣，剝陰殺之形。節氣既周，脱胎神化，名題仙籍，位號真人，此乃大丈夫功成名遂之時也！

今之學者，有取鉛汞爲二氣，指臟腑爲五行，分心腎爲坎離，以肝肺爲龍虎，用神氣爲子母，執津液爲鉛汞，不識浮沉，寧分主客，何異認他財爲己物，呼別姓於親兒？又豈知金木相剋之幽微，陰陽互用之要妙？是皆日月失道，鉛汞異爐，欲望結成還丹，不亦遠乎？

僕幼親善道，涉獵三教經書，以致刑法書筭、醫卜戰陣、天文地理、吉凶死生之術，靡不留心詳究。惟金丹一法，閱盡羣經及諸家歌詩契論，皆云日魂月魄、庚虎甲龍、水銀硃砂、白金黑錫、坎男離女能成金液還丹，終不言真鉛真汞是何物，也不說火候法度、温養指歸。加以後世迷徒恣其臆說，將先聖典教，妄行箋註，乖訛萬狀。不唯紊亂仙經，抑亦惑誤後學。

僕以至人未遇，口訣難逢，遂至寢食不安，精神疲頓。雖詢求遍於海嶽，請益盡於賢愚，皆莫能通曉真宗，開照心腑。後至熙寧己酉歲，因隨龍圖陸公入成都，以夙志不回，初誠愈恪，遂感真人授金丹藥物火候之訣。其言甚簡，其要不繁，可謂指流知源，語一悟百，霧開日瑩，塵盡鑑明。校之仙經，若合符契。因念世之學仙者十有八九，而達真要者未聞一二，僕既遇真筌，安敢隱默？罄所得，成律詩九九八十一首，號悟真篇。內七言四韻一十六首，以表二八之數；　絕句六十四首，按周易諸卦；　五言一首，以象太一；　續添西江月一十二首，以周歲律。　其如鼎器、尊卑、藥物、斤兩、火候、進退、主客、後先、存亡、有無、吉凶、悔吝，悉備其中矣。　及乎篇集既成之後，又覺其中惟談養命固形之術，而於本源真覺之性，有所未究。　遂翫佛書及傳燈錄，至於祖師有擊竹而悟者，乃形於歌頌詩曲雜言三十二首，今附之卷末，庶幾達本明性之道盡於此矣。　所期同志覽之，則見末而悟本，捨妄以從真。

時皇宋熙寧乙卯歲旦天台張伯端平叔序

悟真篇四註卷之一

七言律詩一十六首 以準二八一觔之數。

聖師難遇，大道希聞，幻化非堅，徒競華榮，悲憫後生。**警悟第一**

不求大道出迷途，縱負賢材豈丈夫？ 百歲光陰石火爍，一生身世水泡浮。

只貪利禄求榮顯，不顧形容暗悴枯。 試問堆金等山嶽，無常買得不來無？

道光曰 難莫難於遇人，易莫易於成道。今也，現宰官長者之身，結大道修丹之友，鍊一黍米於霎時之中，立地成道，此易莫易於成道也。然紆紫懷金，門深似海，有道之士，望然而去之，此難莫難於遇人也。

易莫易於遇人，難莫難於成道。今也，百錢掛杖，四海一身，夙植靈根，親傳大道，然龍虎之轡易解，刀圭之鎖難開，得藥忘年，鍊鉛無計，此又遇人之易而成道之難也。安有二事俱全哉？ 正好密扣玄關，千載一時，十洲三島者耶！

仙翁遊成都，遇青城丈人，得金液還丹之妙道，驚歎成藥之不難，故作是詩，結緣丹友。其末章曰：「試問堆金等山嶽，無常買得不來無。」辭意迫切，雖有拱璧以先駟馬，不如坐進此道。仙翁遠矣，高山流水，落落知音。

子野曰　道不負人，人乃負道。

上陽子曰　從古聖賢，尊道貴德。何謂道？先天一氣之造化也。何謂德？積功累氣以成聖也。古之上士，必先積德；古之聖賢，必先聞道。未有不聞道而稱聖，未有不積德而曰賢。既曰賢矣，却不精修妙道者，則與凡流同歸泯滅而已矣，是不得名爲大丈夫。

百年榮顯，光陰如電；金玉堆裹，難免無常。且功如韓信，富過石崇，愈危身以棄生，但殉名而殉貨以自滅其軀。故經云：「道之真，可以治身，其緒餘以爲國家，其王且以治天下。」是以積德曰賢，積財曰愚。愚而且富，故業重；賢而且貧，必罪輕。信夫！天道好還者也。

仙翁憫世愚人貪財積業，故作是書，首以此詩，諷勸世人崇修至道也。

潛虛曰　石中爍火，以喻流光之倏忽；水上浮泡，以比幻身之脆薄。「只貪」二句，雖開說，意却相屬，蓋形容之所以枯悴者，由於貪利禄也。貪則心火炎熾，火燃水乾，故精枯形自槁。廣成子「毋勞爾形，毋搖爾精，毋使爾思慮營營」，實長生之要訣也。「無常」二字最宜警省，識得無常，必有真常者在，非道而何？縱負賢才，而不知道，非丈夫也。噫！茫茫宇宙人無數，幾個男兒是丈夫？可勝媿哉！

蜉蝣之朝，而擬百年。大藥不修，憫之愚癡。**速鍊第二**

人生雖有百年期，壽夭窮通莫預知；昨日街頭方走馬，今朝棺内已眠尸。妻財抛下非君有，罪業將行難自欺；大藥不求爭得遇，遇之不鍊是愚癡。方走馬，陸西星本作「猶走馬」。

道光曰　麟鳳不世出，神仙不常見，有能空夢幻泡影之身，可脱生老病死之苦，爲人間希有之事。

道上逢師，師邊得旨，下手速修猶太遲也。仙翁作是詩末章且曰：「大藥不求爭得遇，遇之不鍊是愚癡。」其叮嚀懇切如此，吾儕未聞道者可即求師，已遇人者豈容癡坐？宜結一時之黍米，守抱九載之空仙。心藏太虚，神遊八極，露紫雲之半面，應仙試於玄都，毋使許君專美晋代。

子野曰　知之非難，行之惟難。妙矣哉！

上陽子曰　經云：「夫人上壽百歲，中壽八十，下壽六十。」除憂患死喪，一月之間不過四五日而已。世之人儘貪名利爲可長享，豈顧死期至哉？

僕每問歎世之愚人，一身之外，急於妻子，百計富貴。一旦身没，妻適他人，并以富貴爲後夫所有，誰肯思前夫方在地獄中受業報也。故仙翁云：「妻財抛下非君有，罪業將行難自欺。」惻隱之至矣！但欲世人修道以脱輪迴。

多少負志自高之士，已遇真師直指大道，乃欲待其功名志滿願足，方鍊金丹。忽忽天不與年，悔何能及，豈非愚癡乎？

噫！未聞者急求師，已聞者即求藥矣。人之壽夭不可預知也，頓除執著，更不愚癡，信受奉行，此可謂賢智者。

潛虚曰　或問：「佛言：『性體本空，罪福何有？』仙翁此詩，獨以罪業爲言，無乃誣乎？」曰：「凡人罪業不出身口心意，皆吾平日氣質所爲，與本性無與，但薰習漸染，反遭遮障，顛倒迷惑，以致臨行未能解脱，罥掛輪網，各隨其業之所造以爲果報，故天堂地獄，一切皆吾心之所爲，除非了心之人，脚根廓爾，無有罣礙，乃能空諸罪性。佛經所謂：『無罣礙故，無有恐怖，遠離顛倒夢想，究竟涅槃。』永嘉禪師亦云：『了則業障本來空，未了應須償夙債。』世有不信輪迴罪業之説，以爲死則魂歸於天，魄降於地，縱有鑊湯碓磨，復有何身可受？不知爾自夢中，忽遇魔境，及諸笞撻，痛楚苦惱，伊誰受之？如幻夢未醒，只見苦耳。莫更執迷，早求解脱。」

天仙鍊藥，金丹爲宗。推情合性，駕虎從龍。五行四象，各稟中宮。功成道就，飛步玉京。

天仙作用第三

學仙雖是學天仙，惟有金丹最的端；二物會時情性合，五行全處虎龍蟠。本因戊己爲媒娉，遂使夫妻鎮合歡；只候功成朝北闕，九霞光裏駕翔鸞。 雖是，陸西星本作「須是」；北闕，陸西星本作「玉闕」。

道光曰 仙有數等，陰神至靈而無形者，鬼仙也；處世無疾而壽永者，人仙也；飛空走霧，不饑不渴，寒暑不侵，遨遊海島，長生不死者，地仙也；形神俱妙，與道合真，步日月無影，入金石無礙，變化無窮，隱顯莫測，或老或少，至聖至神，鬼神莫能知，蓍龜不能測者，天仙也。

陰真君曰：「若能絕嗜慾，修胎息，頤神入定，脱殼投胎，託陰化生而不壞者，可爲下品鬼仙也；若受三甲符籙，正一盟威，上清三洞妙法及劍術尸解之法而得道者，皆爲南宮列仙；在諸洞府修真得道，乃中品仙也；若修金丹大藥成道，或脱殼或沖舉，乃無上九極上品仙也。」

丹法七十二品，欲學天仙，惟金丹至道而已。此蓋無中生有，天地未判之前，鍊混元真一之氣，非後天地生五金、八石、硃砂、水銀、黑鉛、白錫、黃丹、雄黃、雌黃、硫黃、砒粉、秋石、草木灰霜、雪冰滓質煮伏之類，及自身津、精、氣、血、液有中生有等物也。惟真一之氣，聖人以法追攝，於一時辰内，結成一粒如黍米，號曰金丹，又曰真鉛，又曰陽丹，又曰真一之精，又曰真一之水，又曰水虎，又曰太乙含真氣。人得餌之，立躋聖位。此乃無上九極上品天仙之妙道，世人罕得而遇也。

吾儕今得大道，斷念浮華，凝神碧落，毋爲中下之圖，當證無上九極上品天仙之位。且真一之氣，生於天地之先，混於虛無之中，恍惚杳冥，視之不見，聽之不聞，摶之不得，如之何而凝結以成黍米之珠哉？聖人以實而形虛，以有而形無。實而有者，真陰真陽也，同類有情之物也；虛而無者，二八初弦之氣也，有氣而無質，兩者相形一物生焉。所謂一者，真一之氣而凝爲一黍米之珠也。經曰「元始懸一寶珠，大如黍米，在空玄之中」者，此其證也。聖人恐洩天機，以真陰真陽取喻青龍白虎，以兩弦之氣取喻真鉛真汞也。今仙翁詩曲中復以龍之一物，名曰赤龍，曰震龍，曰天魂，曰乾家，曰乾爐，曰玉鼎，曰玉爐，曰扶桑，曰下弦，曰東陽，曰長男，曰赤水，曰水銀，曰朱砂，曰離日，曰赤鳳，皆比喻青龍之一物也；又以虎之一物，名曰黑虎，曰兑虎，曰地魄，曰坤位，曰坤鼎，曰金爐，曰金鼎，曰華嶽，曰前弦，曰西川，曰少女，曰黑鉛，曰偃月爐，曰坎月，曰黑龜，皆比喻白虎之一物也。又以龍之弦氣曰真汞，曰姹女，曰木液，曰青娥，曰朱裏汞，曰性，曰白雪，曰流珠，曰青衣女子，曰金烏，曰離女，曰乾龍，曰真火，曰二八姹女，曰玉芝之類，一也；又以虎之弦氣曰真鉛，曰金翁，曰金精，曰水中金，曰水中銀，曰情，曰黃芽，曰金華，曰素練郎君，曰玉兎，曰坎男，曰雄虎，曰真水，曰九三郎君，曰刀圭之類，一也。

二物會時情性合者，二物即龍虎也。青龍在東屬木，木能生火，龍之弦氣爲火，曰性，屬南，謂之朱雀也；白虎在西屬金，金能生水，虎之弦氣爲水，曰情，屬北，謂之玄武也。木火金水，合龍虎情性，通四象，會中央，功歸戊己土。土者，丹也。此之謂真五行全。

戊己爲媒娉者，木在東，金在西，兩情相隔，誰爲媒娉？惟有黃婆能打合，牽龍就虎作夫妻。戊己屬土，謂之黃婆。龍虎雖處東西，黃婆能使之歡會；金木雖然間隔，黃婆能使之交併。兩者，蓋真一之氣潛，兩者同；真一之氣變，真人自出現。此外藥法象也。

丹熟人間，功成天上，九霞光裏，兩腋風生，非夙植靈功，廣施陰騭，其孰能語與於此哉！

子野曰　天仙非金丹不能成道。且道金丹是何物？咦！分明元是我家物，寄在坤宮坤是人。

所言二物者，何物也？我與彼也。彼我會，則情性和而五行備。龍虎即情性而已。且道這個「會」字如何會。有用用中，無功用功，功裏施功。咦！竹密不妨流水過，山高豈礙白雲飛。

戊己乃中也，中者得其正位。戊己者，意土也。彼我之意相合，則夫妻之情歡悦而得矣。苟陰之意雖欲求陽，而陽之意未欲求陰，則陰陽抗衡，不相涉入，則物不生矣。所以戊己爲生物之鄉。生物係乎意也，真土無位，其意無形。神哉神哉！

上陽子曰　道光謂仙有數等，有鬼仙、人仙、地仙、神仙、天仙，而陰真君又分上中下三品仙者，皆欲明天仙爲高上。蓋天仙之道，除金丹之道，則餘無他術矣。金丹乃陰陽之祖氣，即太極之先，天地之根也。

所謂二物者，一乾一坤也，一有一無也，一情一性也，一離一坎也，一水一火也，一日一月也，一男一女也，一龍一虎也，一鉛一汞也，一竅一妙也，一玄一牝也，一戊一己也，一烏一兎也，一精一氣也，一龜一蛇也，一彼一我也，一己一身也，一金一木也，一主一賓也，一浮一沉也，一剛一柔也，一琴一劍也，一陰一陽也。皆云乾坤爲二物之體，陰陽爲二物之根，龍虎爲二物之象，男女爲二物之名，鉛汞爲二物之真，彼我爲二物之分，精氣爲二物之用，玄牝爲二物之門。惟先天混元真一之氣，乃產於二物之内。

故夫一陽者，本乾也，因貪癡之後，乾之一陽乃寄於坤之中而成坎；故一陰者，乃坤也，因錯亂之後，坤乃破乾之全體，指而成離。則離中之物唯汞而已，坎中之物却名曰鉛。鉛從白虎而生，故曰「虎之弦氣」；汞從青龍而生，故曰「龍之弦氣」。龍乃屬木，木能生火，故曰「龍從火裏出」；虎乃屬金，金能生水，故曰「虎向水中生」。

名之者，物之體也；用之者，物中所產之物也。故云「二物會」者，一情一性之交會也，一乾一坤之歡會也，一陰一陽之還會也。因會方能有合。

戊己爲媒娉者，媒者所以通兩家之消息，娉者所以傳一時之過送，然有内亦有外。在外者，即泥丸翁云「言語不通非眷屬」之謂也；在内者，戊己爲乾坤之門户，爲陰陽之去來，爲龍虎之起伏，爲男女之媒娉，以其鉛西汞東間隔千里，若非戊己兩相媒娉而會合之，則何由得產真一之氣哉！

夫妻者，却非世間之所謂夫妻也。世之夫妻以生男生女爲喜，以損精神爲樂，因之而有恩愛，因之而有生老病死苦以纏絆。所以經云「父母取其恩，妻妾取其愛，兒女取其形」者，皆因牽制於愛慾之場，不能割斷於富貴之域。惟聖人則能相時而用，不將不迎。年壯而育子者，續綱常也；及乎四十而不惑不動心者，不爲愛育之所制也。

金丹之言夫妻者，獨妙矣哉！又有内外，亦有數說。以虎而嫁龍，外也；以坎而適離，外也；以震男而求兑女，外也。至於以鉛合汞，内也；以氣合神，内也；以有入無，内也。皆爲男女等相，又能以苦爲樂，亦無恩愛留戀，且以割捨爲先。交媾只半個時辰，即得黍米之珠。是以不爲萬物不爲人，乃成仙作佛者，此爲金丹之夫妻也。雖然家家有之，而非自家所有者，蓋其見之不可用也；欲若求之，大要法財，必於神州赤縣者，爲其用之不可見也。

夫欲修此金丹，必先鍊己以待陽生之時。若無鍊己之功，則二物雖會，媒娉雖合，夫妻雖真，將見鉛至而汞失應矣。古仙聖師，必鍊此金液大還丹，而後白日騰空，如黄帝之鼎湖，張、葛、許之飛昇，此但世所知者，豈勝言哉！而其不知者，亦豈勝言哉！故傳曰略記，飛昇者三萬餘人，拔宅者八百餘家，此皆金丹之道得仙，而又能積功累行，豈有不翔鸞而朝北闕也。

潛虛曰　此詩三賢所註明白詳備，無可贊一詞矣。但紫賢多「以法追攝」四字，遂起後來邪僻之宗。然則何謂「以法」？曰：「顛倒坎離，盜機逆用，是謂『以法』。」何謂「追攝」？曰：「磁石吸鐵，隔礙潛通，是謂『追攝』。」世人但知二物有相合之情，而不知藥物不勻不敢會也，言語不通不可會也，消息不真會無益也。噫！「會」之一字，可易言哉？

丹法第四

玄玄更妙，顛倒坎離。決定浮沉，迭更賓主。鉛至汞留，深潭耀日。

此法真中妙更真，都緣我獨異於人；自知顛倒由離坎，誰識浮沉定主賓。
金鼎若留朱裏汞，玉池先下水中銀；神功運火非終旦，現出深潭日一輪。 若留，陸西星本作「欲留」。

道光曰　此道至靈至聖，至尊至貴，至簡至易，玄之又玄，妙中之妙，舉世罕聞。仙翁出乎其類，獨傳深旨。沖熙王真人曰：「金丹之道，舉世道人無所許者，惟平叔一人而已。」泰山丘垤，河海行潦，何敢望焉？

離☲爲陽而居南，所以返爲女者，外陽而內陰，是謂之真汞；坎☵爲陰而居北，所以返爲男者，外陰而内陽也，是謂之真鉛。後詩云：「日居離位翻爲女，坎配蟾宮却是男。」此言坎是男、離是女，猶言父之精、母之血，日之烏、月之兎，砂之汞、鉛之銀，天之玄、地之黄也。此類者，皆指龍虎初弦之氣也。

顛倒主賓者，陽尊高而居左曰主，陰卑低而居右曰賓。離爲火，火炎上，火與木之性俱浮爲陽，故云「主」也；坎爲水，水流下，水與金之性俱沉爲陰，故云「賓」也。此常道也。今也，離反爲女，坎反爲男，是主反爲賓而賓反爲主。又道中取二弦顛倒之意爲主賓，非取常道之主賓也。

金鼎者，金爲陰物也，鼎中有至陽之氣，是陰中有陽之象，白虎是也；玉池者，玉爲陽物也，池中有至陰之氣，是陽中有陰之象，青龍是也。砂中之汞，龍之弦氣也；水中之銀，虎之弦氣也。修丹之士，若欲以虎留龍，必先驅虎就龍，然後二氣絪緼，兩情交合，施功煅鍊，自然凝結真一之精氣也。

運火者，火乃二弦之氣；旦是一書之首，爲六陽之元，故曰「旦」。聖人運動丹火，有神妙之功，不半時之中，立得真一之精一粒，大如黍米，現在北海之中，光透簾幃，若深潭現出一輪之赫日也。非終旦者，明一時之中，金丹立成，此外藥法象也。

子野曰　我本離而反陰，彼本坎而反陽，上下反常，故稱「顛倒」。彼鉛而沉，沉乃降；我汞而浮，浮乃升。以汞制鉛，彼爲主，我爲賓。入藥鏡云：「鉛龍升，汞虎降。」微哉微哉！

經云：「口爲玉池太和官。」金鼎喻我，玉池喻彼，留我身中之汞住，復得玉池之銀制之，則不致飛走。銀即鉛也。

火者，陰陽之氣合而內行，內行則温而和，所以能融物之真，使其交媾，陰陽之氣不合即非火矣。今之學者以一息不間爲行火，抑何謬哉！殊不知一息不間者，陰符也。何哉？二數屬火，一數屬水，合則爲二，不合則一，其妙在乎積陰之下一陽來復之時也。所以火必以候繼之，其理明矣。學者知其奧而運用之，則陽氣回於丹田之中，發生光華，如深潭之有日也。其功豈不神哉？

上陽子曰 「妙」之一字，夫誰肯信？異於人者，世人迷於愛慾，我却於愛慾之中而有分別。何謂分別？聖人以離坎顛倒而用之，謂之水上火下；以乾坤顛倒而用之，謂之地上於天；以夫婦顛倒而用之，謂之男下女上。

浮沉者，火炎木浮而在上，爲主；水降金沉而在下，爲賓。此乃人之道也，此謂世間法也，此謂順五行也。今焉，火木雖浮，使之就下，而反爲賓；金水雖沉，使之逆上，而反爲主。此謂之仙道也，是出世間法也，是謂水火既濟也，是謂顛倒五行也。

金鼎玉池，道光所註不出顛倒之機，而又失「欲留先下」之義；子野以金鼎喻我，玉池喻彼，此却合紫陽翁之意。何哉？緣自己之精氣血液者，朱裏汞也，不可令其走逸，故云「欲留」；如彼之華池、靈液、丹井、甘泉者，水中銀也，即先天一點真氣，故云「先下」。又「欲留」者，但令其住而不令其去，要取於人而不失於己；又「先下」者，彼到而我待之，鉛至以汞迎之，坎動而離受之。金丹之道，先要明此「欲留先下」四字之旨。

運火非終旦者，火必得其温和而運之。故參同契云「發火初温微，亦如爻動時」；純陽翁云「中宵漏永，温温鉛鼎，光透簾幃」。蓋萬物化生之初，其受陰陽之氣只霎時中，況此上仙之道，其鍊先天之氣，又爲迅速。故佛云「如露亦如電」者，謂其至精至微而功甚速，爲不可久也，久則有損而有虧。若得此先天真鉛歸於懸胎室内，豈非深潭之現紅日也。

潛虛曰　紫賢「以法追攝」，正應此章「法」字。「妙」字，深有意味。石函記云：「妙者『少』『女』。」少女象兑。顛倒者，交泰之義。「浮沉主賓」四字，最爲肯綮。蓋鉛體本重，須激其浮而取之，參同契所謂「二者以爲真，其三遂不入」，是識浮沉也；「饒他爲主我爲賓」，是定主賓也。「欲留先下」，子野得之。深潭，大淵也；日一輪，太陽也；非終旦，一時半刻也。

丹餌歸腹，玄珠呈象。
卦火符合，果熟胎圓。

伏養第五

虎躍龍騰風浪麤，中央正位產玄珠；果生枝上終期熟，子在胞中豈有殊？南北宗源翻卦象，晨昏火候合天樞；須知大隱居廛市，何必深山守靜孤？

道光曰 此言內藥法象也。

夫真一之精，造化在外曰金丹，又曰真土；吞入腹中即名真鉛，又名陽丹。此言虎，即金丹也；龍者，我之真氣也。風浪者，我之真氣自氣海而出，其湧如浪，其動如風。中央正位者，即丹田中金胎神室也，乃結丹凝氣之所。玄珠者，嬰兒也，又曰金液還丹。

夫金丹者，先天之一氣交結而成，爲母，爲君，爲鉛，故謂之虎也；己之真氣乃後天而生，爲子，爲臣，爲汞，故謂之龍也。金丹自外來吞入腹中，則己之真氣，自下元氣海中湧起似風浪，吸然湊之，如臣之於君，如子之於母，其相與之意可知矣。

龍虎交合神室之中，結成聖胎，若果之在枝必熟，若兒之在腹必生，十月功圓，自然脱胎，神化無方矣。

南北者，子午也；　宗源者，起苗之初也；　晨昏者，晝夜之首也。子時乃爲六陽之首，故爲晨；　午時乃爲六陰之首，故爲昏。晨則屯卦直事，宜進火之候；　昏則蒙卦直事，宜進水之候。　一日兩卦，始於屯卦蒙卦，終於既濟未濟，周而復始，循環不已，故曰「翻卦象」。參同契云「朔旦屯直事，至暮蒙當受；　晝夜各一卦，用之依次序；　既未至晦爽，終則復更始」是也。

一日兩卦直事，一月計六十卦，一卦六爻，并牝牡四卦，計三百八十四爻，以計一年閏餘之數。乾之初九起於坤之初六，乾之策三十有六，爻計二百一十有六；　坤之初六起於乾之初九，坤之策二十有四，六爻計一百四十有四；　總三百六十，應周天之數。日月行度，交合昇降，不出卦爻之外。月行速，一月一周天；　日行遲，一年一周天。

天樞者，斗極也。一晝夜一周天，而一月一移也，如正月建寅，二月建卯是也。故曰：「月月常加戌，時時見破軍。」上士至人，知日月之盈虧，明陰陽之上下，行子午之符火，日爲晝，月爲夜，應時加減，然後暗合天度，故曰「合天樞」也。至道至妙，妙在於斯。

坎離升降，生產靈藥，始結黃芽也。金丹大藥，家家自有，不拘市朝。奈何見龍不識龍，見虎不識虎，逆而修之幾何人哉！片餉之間，結成一珠，大如黍米，將來掌上看不得，吞入腹中莫語人。

子野曰 風浪麤者，二氣交感之景象也。交感後風恬浪靜，採得藥歸中宮，如黍米一粒，從微至著，即以成胎，温之養之，終歸成熟。如果生枝上，子在胞中，而無別也。

中央正位，乃黃庭也。黃庭，即下丹田。南北宗源者，南爲離是我，北爲坎是彼。取坎中之爻，復我離中而成乾，故曰「翻卦象」。火見前註。候者，朝屯暮蒙之序。朝而屯，暮而蒙，則晨昏動靜自然符合天機。

上陽子曰 龍者，離中之陰；虎者，坎中之陽。降我家之龍，則汞不至於逃逸；伏彼中之虎，則能得彼中之鉛華。風浪麤者，是內外火候之法象，切須慎之。在外，則臨爐之時不懲不失；在內，則得丹之後保養無虧。

仙翁以一點真陽而比虎者，言虎之爲物最爲難制。故易之履辭曰：「履虎尾，咥人，凶。」言履之不得其道則反咥人，亦如狂風巨浪之中，唯恐傾喪。則於採藥之時，牢把一念，猶「內觀其心，心無其心；外觀其形，形無其形；遠觀其物，物無其物」之義，却能迎之以意，則玄珠產於丹田中矣。

翻卦象者，坎居上而離居下是爲水火既濟，乾在下而坤在上是爲地天泰，兑處上而震處下是爲澤雷隨，艮居下兑居上是爲澤山咸也。

天樞者，斗罡也。金丹之道，在天應斗之樞，在身立人之極。「寂然不動，感而遂通」者，此也。釋氏乃號「金剛」。至人體此而早求丹，此丹在人類中，而有在市廛中而求。

所謂神州赤縣者，乃大藥所產之處，固非深山大澤所出，亦非名山洞府所有。何哉？山高則陽寡，澤窮則陰孤。有輩愚人，言及修行，便謂深山兀坐、窮谷獨居可也。噫！豈知達磨、馬祖之所謂哉？馬祖未修大藥而枯坐求佛，是有「磨磚」之譏；達磨已向長廬而入室下功，是向少林冷坐，修之與行各有時耳。故我師云：「靜坐一件，是得丹之後事也，未能大隱市廛，何必深山守靜孤乎！」僕每興言及此，未嘗不爲之長歎。

大概此章，道光爲已得外丹，而但言内藥法象，故云「金丹自身外來，吞入腹中，則已知真氣自下元氣海中湧起，似風浪翕然而湊之」等語。而子野則云「風恬浪靜」，又似相戾。仙師之意，各出其說者，皆欲學人慎思而明辨之，精修而熟行之。臨爐之際，景象自現，既得真一之鉛歸入神室，惟當守訥。猶果在枝，待時而熟；子孕胞中，待氣而全。時熟氣全，自然神化。

潛虛曰　紫賢註内「進水」二字，不若改言「退火」。蓋火退一分則水進一分，然身中之水如何進得？

破迷第六

長生大藥，人人本具。咄矣迷徒，管窺弗廣。

人人自有長生藥，自是愚迷枉擺拋；甘露降時天地合，黃芽生處坎離交。井蛙應謂無龍窟，籬鷃爭知有鳳巢？丹熟自然金滿屋，何須尋草學燒茅？ 自有，陸西星本作「本有」；愚迷，陸西星本作「迷徒」。

道光曰　甘露、黃芽，皆金丹之異名；天地、坎離，乃龍虎法象。天地之氣絪縕，甘露自降；坎離之氣交會，黃芽自生；龍虎二弦之氣交媾，金丹自結矣。此般至寶，家家自有，以其太近，故輕棄之。殊不知此乃昇天之雲梯也。

近世學者，多執傍門非類、孤陰寡陽、有中生有、易遇難成等法而治諸身，不知斯道簡而易成，有如井底之蛙、籬間之鷃，莫知有鳳巢龍窟也！

黍米之珠既懸，天地之金可掬。經曰「地藏發洩，金玉露形」，此其證也！何須尋草燒茅？終年畢歲，嗚呼老矣，是誰之愆？

子野曰 且道長生是何物？咦！子子孫孫因順去，逆來永壽歎誰知？黃芽、甘露俱是藥名，天地、坎離其實人也。天地合，坎離交，則藥生矣。凡夫愚子不知此道，甘分待終，蛙鶵不知有鳳巢龍窟也！

上陽子曰 只前三詩，已盡還丹之妙，此章又出「甘露降」之旨，太切也。金丹之道，人人有之，家家有之。愚者迷而不覺，中常之人偶或聞之而不信受，互爲毀謗。

易之泰卦曰：「天地交泰。」又曰：「天地交而萬物通，上下交而其志同也。」且一陽之氣上升，而一陰之氣下降，則降甘露；若真水潤上，而真火炎下，則結黃芽。要知甘露、黃芽即先天一氣，此氣纔至，即結成丹。然上下不交則其志不同，天地不合則此氣不降，陰陽非類則黃芽不產。仙翁顯言甘露降者，使人知乎天地交泰之理，而坎離交合則使知水火既濟之道。

嗟夫！世人見聞不廣，若井蛙籬鷃，安有遠大之見也！烏足得知玄牝之門以降甘露而生黃芽，又烏得龍窟鳳巢爲呈瑞矣。但以眼前非類，如尋草燒茅等事，大可笑也。豈不聞純陽翁云「九江張尚書，服藥失明神氣枯，不知還丹本無質，翻餌金石何太愚」哉！諦聽此語，可不慎歟！世人禀天地至清之氣而生，皆可以明聖賢之道，奈何賢愚貧賤之分，又況逢盲師引入傍門乎？

潛虛曰 此篇甘露、黃芽，紫賢只言丹之異名，但未詳解其意義。老子云「天地相合，以降甘露」，純陽翁云「白雲朝上頂上，甘露洒須彌」，皆陰陽會合，和氣而成。要知甘露乃玉漿也，雪山醍醐也。自上而下曰降，降則入於中宮而丹結。

黃芽者，真鉛之別名。參同云：「將欲制之，黃芽爲根。」黃者，中黃之氣；芽者，生機之萌。言黃芽生處便當交媾坎離，非謂必待坎離交媾，然後黃芽生也。若交媾已罷，則此黃芽又種於戊己之宮，而以漸滋長矣，純陽云「白雪黃芽漸長成」是也。丹熟，則點化凡質而成聖體。尋草燒茅縱能點化金石，與己何干？況萬無可成者乎。

「燒茅」二字不知何義，愚意若茅柴之火不能久耳！**蒲團子按** 燒茅，陳攖寧讀知幾子悟真篇集註隨筆一文云：「所謂『尋草』者，尋藥草也；所謂『茅』者，蓋指江蘇省句容縣之茅山。宋朝以前，茅山素以奇怪法術著名，故點金術中，有一派做手，叫做『茅法』。燒茅者，謂依茅山所傳之法燒鍊外丹也。若認爲『茅草』之『茅』，則大誤矣。」

藥自胡生，西南得朋。金本從月，三日受符。
採歸土釜，配我流珠。兩弦之氣，二八相當。

產藥川源第七

要知產藥川源處，只在西南是本鄉；鉛遇癸生須急採，金逢望遠不堪嘗。送歸土釜牢封閉，次入流珠厮配當；藥重一斤須二八，調停火候託陰陽。封鎖，陸西星本作「封固」。

道光曰　藥在西南，收居戊己，採取有時，下功有日。

夫西南是坤方白虎之地也，又坤方是一月所生之處，故曰「本鄉」。月是金水之精，上下兩弦金水合氣而生，是以金丹藥物生產川源之處，實出坤地。

鉛見癸生者，時將丑也；金逢望遠者，月將虧也。月之圓缺，存乎口訣；時之子午，妙在心傳。「周天息數微微數，玉漏寒聲刻刻符」，此真人口口相傳之密旨也。奈何傍門紛紛以圭丹爲鉛金，用天癸時採取，有同兒戲。葉文叔又有「坤納癸」之語，又可笑也。陸思成作序云：「此詩傳多謬以『鉛』爲『若』字，以『金』爲『如』字，甚失仙翁旨意。」豈知鉛與金即金丹也。此皆未遇真師，妄自穿鑿。陸公發其端救魚魯之失，秘其源恐竹帛之傳，吾儕親授玄旨，當自知之。如或未然，空玄之中，去地五丈，黍米之珠，殊不易得也。

餌丹歸黃庭土釜之中，宜固濟，則胎不洩。運火飛流珠，汞以配之，靈胎乃結也。烏肝八兩，兎髓半斤，兩個八兩合成一斤，故曰「藥重一斤須二八」也。火實無火，託陰陽之氣以調運之爾。

子野曰　藥出西南是坤位，欲尋坤位豈離人？分明說破君須記，只恐相逢認不真。癸者，藥也。迎其藥之將生，則急取之方可用。苟遲，則藥已生質，若質一生，則爲後天之物，所謂「見之不可用」也。此時水源至清，有氣無質，一日僅有一時，入藥鏡云「一日內，十二時；意所到，皆可爲」，正此時也。金逢望遠者，喻採藥失時，藥氣過矣。如望後之月，日虧一日，謂之「不堪嘗」。

鑑本自明，因塵蒙而遂晦；鉛珠獨露，緣癸積而漸藏。塵去則鑑體依然，癸盡則鉛華仍見。鉛當急採，恐癸水漸漸而後生，金亦如之。借鑑塵昏而爲喻，採得癸生之藥入於丹田，則當牢固封閉，毋令滲漏以走靈藥。次運自己之陰汞配合爲一，結成聖胎。封閉之法，參同契云「離氣納榮衛，坎乃不用聰；兌合不以談，希言順鴻濛」之謂也。又云：「汞自爲流珠。」而陰陽相停則聖胎結，若失於偏枯，所謂「毫髮差殊不作丹」也。聖胎既結，非得火候調停，豈能冀其成也。

上陽子曰　易云：「西南得朋，乃與類行。」西南爲坤同類之地，鉛所由產，藥在彼生。兌乃代坤抱陽成坎，兌之初癸是爲真陰。真陽初動乃曰「癸生」。

天地以七日而來復，復，子也；太陰以三日而出庚，庚，金也；人身以三日而看經，經，鉛也。

癸動而後生鉛，鉛之初生名曰「先天真一之氣」，此氣號曰「金華」。言鉛言癸而不言水者，取其氣也。鉛生於癸後，陽產於鉛中，採取真鉛，借云「鍊丹」，其功只半個時，此合大造化也。故一月止有一日，一日止有一時。夫此一時，最不易得，以其天地合德、日月合明、生生化化之真機，逆而修之，超凡入聖。故仙翁以「癸生急採」爲最切。送歸土釜，配以流珠，謂其火候，以成聖胎。

僕今洩天地之機者，欲明仙翁切切之意，上士於此有悟，則宜勤行而勿疑。其中調停細密之旨，在人盡心而力行，深究其妙化。老子曰：「微妙玄通爲上士也」。

潛虛曰　藥者，真鉛之氣，先天乾金也。西南，坤位，坤土能生兌金，故曰「本鄉」。金能生水，水一動則金氣將洩，故當乘癸生之候而急採此金爲大藥。生者，生機也。上陽子云「癸動後而生鉛」，若望遠則藥老而就虧矣，故不堪嘗也。或問：「藥嫩何以可用？」曰：「造化之氣，成功者退，將來者進。喻如釀酒，三日之酵，浮而致之，可變千瓮。此時氣味雖薄，而生機浡然。若已熟爲酒，則不復可用矣。採藥取嫩，意正如此。」

此篇三賢多有口訣，盲師皆莫之知，妄意揣度，殊可嗤笑。「須二八」三字最宜深味，蓋不均則不和，而當不過矣。

同類爲真第八

二八相當，交感自然。陰陽得類，真汞真鉛。

休鍊三黃及四神，若尋眾藥便非真；陰陽得類俱交感，二八相當自合親。潭底日紅陰恠盡，山頭月白藥苗新；時人要識真鉛汞，不是凡砂及水銀。 眾藥，陸西星本作「眾草」；俱交感，陸西星本作「方交感」；陰恠盡，陸西星本作「陰怪滅」。

道光曰　三黃四神，金石草木，皆後天地生滓質之物，安能化有形而入於無形哉！經曰：「外物不可成胎，綴花安能結子？」真一之氣生於天地之先，杳杳冥冥，不可測度。因二八相當之物合而成親，絪緼交感之中激而有象。同類者，無情之情，不色之色，烏肝八兩，兎髓半斤是也。

子野曰　金丹乃真陰真陽交媾而成，非外藥之可爲也。惟「類」字至緊要。陰陽之合，在於得類，非其類物，徒爾爲也。所以參同契云：「類同者相從，事乖不成寶；燕雀不生鳳，狐兎不乳馬。」

二八相當者，在於得人。得人則藥物無虧耗、鼎器無滲漏之患也。藥在下丹田，爲火，煅鍊如日在潭，一身之中，陰氣盡爲銷鑠也。月白藥苗新者，水中金初生之時。山頭月乃喻其坎當居上之意。所以成既濟之道。參同云：「關鍵有低昂兮，害氣遂奔走；江淮之枯竭兮，水流注於海。」鼎器歌云：「陰在上，陽下奔。」神哉！神哉！非真師的傳者，何敢以私意猜度而至此耶！

汞是我家元有物，鉛是他家不死方。若以凡砂水銀是，猜量到底枉猜量。

上陽子曰　三黃四神，如雄黃、硫黃、雌黃、黃丹、黑鉛、水銀、凡砂、凡丹、金石草木等，皆非真，直須要真陰真陽。故仙翁以得類指示後人，亦以深切。類者，如天必以地爲類，如日必以月爲類，如女必以男爲類，如汞必以鉛爲類也。二八爲一斤之數；以十五者，月之圓也。契則云「兩七聚，輔翼人」，皆直指同類之數。相當者，不先不後、不多不少、不大不小、不爭不怒、不隱不瞞、不驚不疑，皆要相當，方得交合結丹。

潭底者，即伯陽翁云「真人潛深淵」之意。一念堅凝，祛除萬慮，則陰恠自滅。山頭者，仙翁每喻玄門爲崑崙山頂也。若水清月白，即時採得新生之靈藥，非凡砂水銀，是真鉛真汞，即是靈父聖母之氣。彼凡父凡母之氣順，故成人成物也；此聖父聖母之氣逆，故生仙生佛也。

潛虛曰　此篇所論鉛汞，下二「真」字，以別於凡。蓋真則無質，而凡則有相也。三黃四神金石之類，與夫眾草，皆人間有形渣滓之物，非我氣類，安肯合體而居？惟有陰陽得類，二八相當，乃為合妙。參同契云：「欲作服食仙，須求同類者。」又云：「同類易施功，非種難為巧。」

「潭底」二句，三賢皆失本旨，只緣泥著「鉛汞」二字。蓋潭底日紅陰怪滅，喻陽能爍陰也。日為太陽之精，先天真鉛是也。月無光，借日以為光。山頭月白，乃出庚之月，借光尚微，其體純白，此時藥苗正新，乘此時而採之，則現出深潭日一輪，而羣陰將盡剝矣。皆指真鉛而言。山頭月白者，艮為山，坎為月，先天坎艮之方，月出之所也。以為崑崙峯頂，鑿矣。

或問：「如詩所論，皆指真鉛，何為真汞？」曰：「仙翁直為真鉛難識，故反覆歌詠，以明產藥之川源，交感之情性，配合之斤兩。蓋雖在外，而實與金石草木有形有質者迥不相同。若真汞，則凡四大一身，陽裏陰精，皆是也。識得真鉛，則道其在是。若三家相見，俱死歸土，則又皆號為真鉛矣。」

生我之門，中有陽精，不求同類，獨修無成。

窮取生身第九

陽裏陰精質不剛，獨修此物轉羸尫；勞形按引皆非道，服氣飡霞總是狂。

舉世謾求鉛汞伏，何時得見虎龍降；勸君窮取生身處，返本還元是藥王。 此物，陸西星本作「一物」。

道光曰　陽裏陰精，己之真精是也。精能生氣，氣能生神，榮衛一身，莫大於此。油枯燈滅，髓竭人亡。此言精氣實一身之根本也。奈何此物屬陰，其質不剛，其性好飛，日逐前後便溺涕唾汗淚，易失難擒，不受制錬，若不得混元真一之丹以伏之，則無凝結以成變化。若或獨修此物，轉見尫羸。

按引勞形，皆非正道；飡霞錬氣，總是强徒。設若吞日月之精華，光生五內，運雙關，摇夾脊，補腦還精，以至尸解投胎，出神入定，千門萬法，不過獨修陽裏陰精之一物爾。孤陰無陽，如牝鷄自卵，欲抱成雛，不亦難乎？如鍾離翁云：「涕唾精津氣血液，七般物色總皆陰；若將此物爲丹質，怎得飛神上玉京？」一身之中，非唯真精一物屬陰，五臟六腑俱陰無陽。分心腎於坎離，以肝肺爲龍虎，用神氣爲子母，執津液爲鉛汞，得乎？此至愚之徒，執此等以治身，而求純陽之證，深可悲哉！參同契曰：「去冷加冰，除熱用湯；　飛龜舞蛇，愈見乖張。　假使二女同室，顏色甚殊；令蘇秦通言，張儀結媒，發辯利舌，奮爲美辭，推心調諧，合爲夫婦，弊髮腐齒，終不相知。」無過以女妻女，以陰鍊陰。

導引按摩，鍊氣飡霞，皆是小術，止可辟病，一旦不行，前功俱廢。　參同契云：「陰道厭九一，濁亂弄元胞；　食氣鳴腸胃，吐正吸外邪。　晝夜不卧寐，朔晦未嘗休；身體自疲倦，恍惚狀若癡。」皆是強爲，去道遠矣。

真龍真虎，二八是也；　真鉛真汞，二弦之氣是也。　此道至簡不繁，至近匪遠，但學者堅執後天傍門非類，以爲龍虎鉛汞，是致差殊。　殊不思仙翁直指二物所產川源之源，身從何有，命從何有，返此之本，還此之源，顛倒修之，即得真龍真虎自降，真鉛真汞自伏，非藥中王，其孰能與於此哉！　或者以混元圭丹擬議聖道，譬如接竹點月，不亦遠乎？　蓋後天有形有質者，皆非至藥也。

子野曰　易云：「男女媾精，萬物化生。」始我之有此身也，亦由父母精媾而生。倘有父無母，有母無父，身從何有哉？　作丹之要，與生意但有逆順之不同爾。　順則生人，逆則生丹，逆順之間，天地懸隔也。

上陽子曰　契云：「是非歷藏法，内視有所思」，「陰道厭九一，濁亂弄元胞」，

「諸術甚眾多，千條有萬餘」。彭真人云：「世人不達大道之宗元，而無非傍門曲徑，此屬多般，皆爲左道，乖訛天理，悖亂至真，明違黃帝之言，全失老君之旨，本期永壽，反爾傷生。」鍾離翁云「生我之門死我户」之意大哉！上賢說到下稍，無人承當，何哉？只爲世人執己而修，則千條百徑無非傍門者矣。仙翁垂憫直言「窮取生身處」，豈不忒露天機？緣爲世人因業識中來，却又因業識中而去，一陽奔失，形雖男子，而身中皆陰。若執一己而修，豈能還其元而返其本哉？既不能還元返本，又何以回陽換骨也？是以大修行人，求先天真鉛，必從一初受氣生身之處求之，方可得先天真一之氣，以還其元而返其本也。此謂男子修行如此。女人修仙，則以乳房爲生氣之所，其法尤簡。是以男子修仙曰鍊氣，女人修仙曰鍊形。

女人修鍊，先積氣於乳房，然後安鼎立爐，行太陰鍊形之法，其道最易成道也，良有妙旨。昔宣和中，洞賓遊吴興，見一娼妓張珍奴，色華容美，性好淡素。雖落風塵，每夕沐浴更衣，炷香告天，求解脱去甚切。洞賓作一士訪之，珍奴見之，風神異殊，心甚敬之。盡歡，士飄然而去，明日又至，亦如之。往往月餘，終不及亂。張珍奴曰：「荷君眷顧甚久，獨不留一宿罄枕之娛，豈妾猥漏不足奉君子耶？」士曰：「不然。人貴心相知，何必如此哉？且汝每夜告天，實何所求？」珍奴曰：「失身於此，又將何爲？但自念奴入是門中，妄施粉黛，以假爲真，歌謳艷曲，以悲爲樂。本是一團臭膿皮袋，借僞飾以惑人，每每悔歎世之愚夫，不自尊貴。過我門者，覩我如花，情牽意惹，迷戀不捨，非但喪財，多致身殞。妾雖假容交歡，覺罪甚重，惟朝夕告天，早脱此門。」士曰：「汝志如何？何不學道？」珍奴曰：「陷於此地，何從得師？」士曰：「吾爲汝師乎？」珍奴即拜叩。士曰：「再來乃可。」遂去。珍奴日夜望，不至，深自懊恨。因書曰：「逢師許多時，不説些兒個。安得仍前相對坐，懊恨韶光空自過。直到如今，悶損我筆。」未竟，士忽來，見所書，續其韻道：「無巧妙，與你方兒一個，子後午前定息坐，夾脊雙關崑崙過，恁時得氣力，思量我。」珍奴大喜，士乃以太陰鍊形大丹法與之。珍奴自是神氣裕然，若大開悟。不知密有所傳尤多，珍奴亦不告人。臨別作步蟾宮云：「坎離坤兑分子午，須認自家宗祖。地雷震動山頭雨，要洗濯黄芽出土。捉得金精牢閉固，辨甲庚要生龍虎。待他問汝甚人傳，但説先生姓吕。」珍奴方悟是吕先生，即佯狂丐於市，投荒地密修其訣，逾三年，尸解而去。

修行一事，不問男女，若猛勇心堅，成道必矣。

潛虛曰　此篇三註甚詳，但紫賢所言龍虎鉛汞，過於分晰，反覺有可商議。蓋真鉛真汞者，坎離互藏之精，所謂烏兎藥物也。以其獰惡而噬人，故謂之曰「虎」；以其猖狂而難制，故謂之曰「龍」。其實喻言耳，非二物也。今以真龍真虎爲二八，以真鉛真汞爲二弦之氣，不知「二八弦氣」四字，本不可分。蓋上下二弦各去朔望八日，此時陰陽均平，故言二八以取相當之義。所以相當者，氣也。二八弦氣果可分乎？此非晰理之精者，不足以語此。

著意尋鉛第十

藥王陽精，是曰真鉛，名之地魄，能制天魂。伏汞則彼，造丹則我，道德高厚，天地齊永。

好把真鉛著意尋，莫教容易度光陰；但將地魄擒朱汞，自有天魂制水金。可謂道高龍虎伏，堪言德重鬼神欽；已知壽永齊天地，煩惱無由更上心。

道光曰　真鉛，即金丹也。地魄在外藥則白虎是也，在內藥即金丹是也；天魂在乎外藥則青龍是也，在乎內藥則己之真精是也。朱汞在外則龍之弦氣是也，在內則己之真氣是也；水金在外則虎之弦氣是也，在內則金丹是也，又謂之水中銀。此皆喻內外二事之藥也。但日已過，命則隨減，吾儕着意尋師，速修以金丹而超生死。

但將白虎擒龍，自有青龍制虎，二氣相吞而產金丹，復將此丹擒自己之真氣，真氣自戀金丹而結聖胎也。外之真龍真虎既降，則內之龍虎自伏。內鍊神魂鬼魄既聖，則外之神鬼自欽。非道隆德備之士，孰能與於此哉！體化純陽，壽同天地，逍遥物外，自在人間，萬念俱空，何煩惱之有也！

子野曰　地魄乃鉛也，天魂乃汞也，以鉛制汞在彼我爾。

上陽子曰　著意尋真鉛，即純陽翁云「下手速修猶太遲」。從古聖師，皆欲學者早下工入室。真鉛一物，最不易尋，貧者患無財，有財患無地，有地患無物，有物患無侶。侶者，外護也。著意尋者，先聚法財，而後擇地，故仙翁曰「始之有作無人見」之句者，若不得其善地，則人見之而不可用也。僕向未入室之先，不甚注意於此，及至入室之際，兢兢著意尋擇，方知多有難能之事，甚費苦辛。因知「著意尋」之句猶不易得，況惟世人得師一訣之後，又只懷耀時光，豈知年邁日衰，容易老死而已。

地魄，即所尋之物；　天魂，即我家所積之汞也。東海之龍能制西江之月魄，西江白虎能鍊我家之日魂，魂魄媾精，乾坤比壽。

濟人接物，德益鬼神欽；　鍊己虛心，道高龍虎伏。閻浮之諸塵漏盡，煩惱更無。仙家之樂，匪常得大自在，惟方便第一之積功也。

潛虛曰　此篇紫賢註過於分晰，且有語病，今爲更改。

真鉛者，先天真乙之氣，水中之金也。此物最難尋覓，非尋師則不知，非尋財則不得，非尋地則不得，非尋侶則無輔。而其中最難尋者，符來之信也。大修行人，歷山川，飽風雪，窮年矻矻，尋此而已。但將地魄擒朱汞，兼內藥外藥而言之也；自有天魂制水金，則專言藥矣。蓋真鉛在外則爲真乙之氣，以其可聚可散而藏於至陰之中，故名之曰「地魄」，歸於鼎內結而爲丹，則曰「水金」；真汞在內則爲神火，以其飛揚飄蕩而居於先天乾宮，故曰「天魂」，散於四大一身，皆陽裏陰精，皆名「朱汞」。地魄擒朱汞者，以黑投紅，而汞爲鉛伏也；天魂制水金者，養以神火，而抽鉛添汞也。但將，則別無他物；自有，則不待安排。以鉛伏汞，故曰「擒」；鉛爲汞留，故曰「制」。制，牽制之意，言丹結不散，皆由神火溫養。使火冷，則丹散矣。契曰「經營養鄞鄂，凝神以成軀」，此天魂制水金也。

水土妙用第十一

鼎攢四象，藥按三元。和合大藥，不離水土。

黃芽白雪不難尋，達得須憑德行深；四象五行全藉土，三元八卦豈離壬。鍊成靈質人難識，消盡羣魔鬼莫侵；欲向人間留秘訣，未聞一個是知音。

藉，陸西星本作「仗」；羣魔，陸西星本作「陰魂」；秘訣，陸西星本作「妙訣」；未聞，陸西星本作「未逢」。

道光曰　龍之弦氣曰「白雪」，虎之弦氣曰「黃芽」，大藥根源，實基於此。其道至簡，其事匪遥，若非豐功偉行，莫能遭遇真師指授玄奥也。

道自虛無生一氣，一氣變陰陽，曰龍曰虎；　龍木生火，虎金生水，木火金水合成四象；　四象合而成大丹，大丹之成實於土；　土無定形，分位四季，四時不得四季真土，則四序不行，造化何生焉？　是以四象五行全藉土也。

壬者，水也，即真一之氣，生於天地之先，變而爲陽龍陰虎，合而成丹。　丹，土也；　龍，木也；　虎，金也。　謂之三性三元，不離真一之水變也。　八卦者，真一之氣，一變爲天，曰乾爲父，二變爲地，曰坤爲母；　乾以陽氣索坤之陰氣，一索而生長男曰震，再索而生中男曰坎，三索而生少男曰艮，此乾交坤而生三陽；　坤以陰氣索乾之陽氣，一索而生長女曰巽，再索而生中女曰離，三索而生少女曰兑，此坤交乾而生三陰，皆不離真一之水變也。　故曰：「三元八卦豈離壬。」

非惟三元八卦不離真一之精，自開闢以來，凡有形者，莫不由此而成變化。　修真之士，得真一之水者，萬事畢矣。　真一之水，以法化之爲真一之黍米，吞歸丹田，運火十月，爍盡羣陰也。　純陽真一之仙，陰魔尸鬼，逃遁無門，善根種而靈骨生，靈骨生而仙可冀。　靈骨之生，善根之種也，不於一生二生而千萬億無量生中積諸善根，安得纔出頭來，飄飄然有出塵氣象？

噫！　走鬼行尸，一瓶一鉢，本欲登仙，神仙不易得也。　胡不捫己之心與平凡之心有以異乎？ 我之仙事亦有涯也，必也廣大變通，以道爲己任，獨高一世，鶴立鷄羣。人笑我爲疎狂，我知我非凡輩，赤松黃精乃吾友，蓬萊方丈是吾家，自然遭遇至人傳授至道，結合心友，丁寧丹成。 仙翁欲向人間留秘旨，奈何子期不遇，怎生得個我般人也！

子野曰 黃芽者，鉛之精；白雪者，汞之氣。欲求之者，非有德行不可。土者，戊己；壬者，真一之水，生生物物之祖氣也。

上陽子曰 黃芽白雪，皆混元窈冥之中所產真一之氣。前言真鉛要著意尋，此乃言黃芽白雪不難尋者，爲憑德行故。愚徒見此二詩似相矛盾，豈知此道無德行者終不成丹。諺曰：「言清行濁休談道。」若知道而未積德，即如魚之無水，燈之無油，若何而成還丹哉？

四象五行，三元八卦，多端名色，終不可無真一之壬水。我黃房公贊純陽老仙云「鼎攢乎四象五行，藥按乎三元八卦。赤鳳吐南方之髓，烏龜含北海之精」，亦指此也，皆祖於純陽詩曰「鼎隨四季中央合，藥逐三元八卦行」，同一意也。

真仙聖師雖慈悲引道，實在乎人行爾。此丹一成，玉帝嘉贊，天地萬靈莫不欽仰，故號「無上至真靈寶，神妙九還大丹」。昔元始天尊說經度人，玄座空浮懸一寶珠，大如黍米者是也。釋名「大乘般若九品蓮臺光明藏大如意妙法靈感牟尼寶珠」。昔靈山會上龍女所獻者，此也。其貴重無可稱述，世人所能識哉？

丹成則身聖，陽神出現，號曰「真人」。陰魔鬼賊化爲護法神，身中青龍、白虎、朱雀、玄武、三魂七魄、三元九宮、三部八景、五臟八識皆化爲神，三萬六千精光化爲神兵矣。

仙翁當時欲以口授秘訣與人，然一世鮮有信受奉行者。噫！拜師於韁鎖之下，杏林之後來門人也。

潛虛曰　此篇紫賢謂三元爲三性，非是。三元者，天元、地元、人元之謂，丹之品也。黃芽白雪，鉛汞之異名。鼎器歌云：「陰火白，黃芽鉛。」全藉土，所以俱死歸后土；豈離壬，皆不外此先天真乙之氣而成。

陰陽倡和第十二

相彼草木，蘖芽於春。敷華吐英，陽倡於陰。真源反此，我以爲賓。

草木陰陽亦兩齊，若還缺一不芳菲；初開綠葉陽先唱，次發紅花陰後隨。常道即斯爲日用，真源反覆有誰知？報言學道諸君子，不識陰陽莫强嗤。即斯，陸西星本作「積斯」；反覆，陸西星本作「反此」；强嗤，陸西星本作「亂爲」。

道光曰　草木未生之初，含孕至朴，及其甲坼，禀一氣以萌芽，故抽一葉以象一氣，次分兩葉以象陰陽，次兩葉中復抽一葉以應三才。過此以往，漸漸長茂，春生綠葉，夏長紅花，此陽氣使然；　秋肅而結實，冬殺而復本，此陰氣使然。陰陽而齊，化生不已，若其缺一則萬物不生也。真一子云：「孤陰不自生，寡陽不自成。」是以天地絪縕，萬物化醇，男女媾精，萬物化生，此常道只斯爲日用也。

真源反覆者，有顛倒互用之玄機，學者苟不明此，何以超生死也。

子野曰　金丹之道，與草木陰陽亦同。譬如草木方感陽氣，即時發生芽蘖，後必以花卉相繼而開，花謝則結實於中。猶人得此一點真陽之氣，其真陰自然混合成胎。陰陽相胥之意，大率如此。這些陰陽日用之常道，但其真源反覆處是則昧矣。此所謂「百姓日用而不知」也。

上陽子曰　天生二物，曰動植也。根爲植，足爲動，莫不皆稟乎陰陽二氣。草木爲植，乃無情之物也，亦趁陽春而生長結實也；　人物爲動，乃有情之形，若非陰陽二氣，則何以爲生育哉！

夫人爲物最靈者，稟天地之正氣而生，反不知陰陽盛衰逆順之道也。僕今洩露到盡處也。蓋順則爲凡父凡母，逆則爲靈父聖母。凡父凡母之氣，順則成人，謂之常道也；　靈父聖母之氣，逆則成丹，是曰「真源」。反覆者，男返是女而女返是男也。

不遇真師，說爲何益？

潛虛曰　此篇「倡」「隨」二字，三註皆略言。陽倡陰和，譬諸草木；百姓日用，常道皆然。真源反此者，逆用而成丹也，然亦不能外此陰陽倡隨之理。但陰陽互藏，坎離顛倒，而人有不易識耳。

顛倒成丹第十三

陰陽顛倒，坎上離下。白虎歸家，明珠無價。神息綿綿，周天數卦。羣陰剝盡，脱胎神化。

不識玄中顛倒顛，爭知火裏好栽蓮？牽將白虎歸家養，產個明珠似月圓。謾守藥爐看火候，但安神息任天然；羣陰消盡丹成熟，跳出凡籠壽萬年。 消盡，陸西星本作「剝盡」；凡籠，陸西星本作「樊籠」。

道光曰　以人事推之，男兒固不能有孕，火裏固不可栽蓮。然神仙有顛倒之妙，輒使男兒有孕，亦由火裏栽蓮。

夫日爲離，是男反爲女，月爲坎，是女反爲男，此顛倒也。二物顛倒而生丹，却將此丹點己之汞而結聖胎，即是男兒有孕，豈非顛倒顛乎？

龍虎是真一之精，變爲二物，分位東西，實同出而異名也。真一之精屬汞，爲青龍，在東，白虎本是真一精之子，寄體在西，其家在東。仙翁曰：「金公本是東家子，送在西鄰寄體生；　認得喚來歸舍養，配將姹女作親情。」故此詩之意，牽將白虎歸家，以青龍結爲夫婦，以產明珠。其言似月圓者，修丹之法，先取上弦西畔半輪月得陽金八兩，次取下弦東畔半輪月得陰水半斤，兩個半輪月合氣而生丹，故得金丹一粒似月圓也。此外藥法象也。

及得此丹吞入腹中，謂牽此白虎歸己腹中，配以我汞，然後運陰符陽火，煅鍊而成金液還丹，一粒亦重一斤。此内藥法象也。

似月圓者，蓋運火之卦，一卦六爻，六十四卦計三百八十四爻，象一斤三百八十四銖也。又外藥法象似月圓者，參同契云「上弦兌數八，下弦艮亦八；　兩弦合其精，乾坤體乃成；　二八應一斤，易道正不傾」是也。仙翁指示月圓之意，要使學道者洞曉造化之旨也，分内外二八之數，不可一概而論之也。

火者，非世之凡火，乃元始祖氣也，亦無爐可守也。青霞子云：「鼎鼎非金鼎，爐爐非玉爐；　火從離下發，水向坎中符。三姓既會合，二物自然拘；　固濟胎不洩，變化在須臾。」高象先云：「天地絪緼男女媾，四象五行隨幅湊；　晝夜屯蒙法自然，何必孜孜看火候。」此自然爐火也。

但安神息，調文治武，策符漏刻，毋得分毫差忒，不半個時，立得丹餌。然後復依進退，陰符陽火，運用抽添，防危慮險，十月功圓，剝盡羣陰，體化純陽，跳出凡籠，壽萬年也。此方爲金液還丹。未能入妙，更須抱元九載，使氣歸神，方爲九轉金液大還丹也。

子野曰　陰陽顛倒者，陰中有陽，陽中有陰。火裏栽蓮，火中有水，陰中有陽，殺中有生也。

白虎，金精也，白喻其質，虎喻其難伏。金精元是我家之物，有生以來走在彼處，今番認着，用力牽歸。

如月如珠，藥之象也。得藥而後，温養之法，安神定息任其自然而已矣。非所謂守定藥爐，朝添八兩，暮換半斤是也。

上陽子曰　陰陽有顛倒之機，金丹有返還之術。火裏栽蓮，以坎而歸離。白虎爲難制之物，爲太一所含之氣，牽將歸家者，已伏其氣。明珠爲丹，既已得丹，運己汞調神息以養之。莊子云「真人之息以踵」，廣成子云「丹竈河車休矻矻，鶴胎龜息自綿綿」，以爲神息也。待其陰盡陽純，以成真人，超凡入聖矣。

潛虛曰　此篇陸陳二註得之。紫賢內外法象，取喻月圓之義，一言弦氣二八，二言卦火爻銖合應一觔，反覺支絀。況章下已有「謾守」等句，月圓之義未必指此。

家者，己之宅舍。言歸家，則藥自外至。可知「謾守」二句，正言養之之法。

三五與一，天地至精。龍從火出，虎向水生。二物歡會，俱歸中宮。三家相見，懷胎結嬰。彌歷十月，脱出其胞。

三家相見第十四

三五一都三個字，古今明者實然稀；東三南二同成五，北一西方四共之。戊己身居生數五，三家相見結嬰兒；嬰兒是一含真氣，十月胎圓入聖基。身居，陸西星本作「自居」；聖基，陸西星本作「聖機」。

道光曰　木數三居東，火數二居南，木能生火，二物同宫，故二與三合而成一五也；金數四居西，水數一居北，金能生水，二物同宫，故四與一合而成二五也；戊己本數五，是三五也。三五合而爲一，故曰「三五一」也。自古迄今，能合三五一而成丹者，實稀也。

一者丹，即彼之真一之氣，乃先天之母也；我之真一之氣，乃天地之子也。以母氣伏子氣，如貓捕鼠，而不走失也。子母之氣，相戀於胞胎之中，以結嬰兒也。所謂太一含真氣者，含真一氣也。如人懷胎，十月滿足，自然降生，聖胎功圓，自然神聖，故曰「十月胎圓入聖基」也。

子野曰　三五一者，金木水火土五行之數。一者，太極也。五行不合則各其性，合則復爲一太極。人能以五行合而爲一，則復於混沌，嬰兒有兆矣。所謂三家相見之義，其妙如此。十月數周，時至氣化，自然符合先聖之機也。

上陽子曰 天三生木，地二生火，火數二，木數三，三與二同性，統爲一五。木居於東，法象爲青龍，龍之氣爲汞。火居於南，法象爲朱雀。木生火，是木爲體，火爲木所生之氣，是故木火爲一家。然皆陽中之孤陰，所以異名曰玄、曰無、曰妙者，其有木有火而無金、水、戊土也。

天一生水，地四生金，金數四，水數一，一與四同情，結爲一五。金居於西，法象爲白虎，虎之氣爲鉛。水居於北，法象爲玄武。金生水，是金爲體，水乃金所生之氣，故金水爲一家。然皆陰中之寡陽，所以異名曰牝、曰有、曰徼者，以其有金有水而無木、火、己土也。

天五己土，地十戊土，戊土居坎，己土居離，戊己分則二土之數十，戊己合則二土成圭而數五。土居中央，是爲一五。

總而言三五，震木離火同性爲一家，龍爲震户，汞產於中；兑金坎水同情爲一家，虎爲兑門，鉛生於内；離己坎戊同根爲一家，朱雀玄武相合而生物。是云三家。

龍與朱雀意主生人，虎與玄武意主殺人，此世間法。若欲出世間法，則必顛倒制之，功歸戊己二土也。何哉？金本戀木慈仁，而內懷從事之情，無由自合；木雖愛金順義，而內懷曲直之性，豈得自媒？欲使媒合，功在二土，以通其好。且戊土生金，則欲金氣發旺而相胥；己爲木尅，則先鍊己珍重以求丹。若不鍊己待時，則不能常應常靜；鍊己既熟，却與戊合。戊己一合，則金木會，金木會則龍虎交，龍虎交則三五合一，三五合一則三家相見，三家相見則鉛汞結，鉛汞結則嬰兒成，無非此之一氣。佛祖云「乾坤之內，宇宙之間，中有一室，秘在形山」，即是太一含真氣之妙。是以五行分而名真道，五行合而生一氣，一氣結而爲嬰兒，嬰兒出而成真人矣。

潛虛曰　三五歸一，即是三家相見。問：「見於何處？」曰：「見於一處。」「如何得相見？」曰：「既知倡隨，又明顛倒，要見不難矣。」此篇註頗支。

破邪顯正第十五

真鉛之要，二八爲宗。
旁門作用，皓首無成。

不識真鉛正祖宗，萬般作用枉施功；休妻謾遣陰陽隔，絕粒徒教腸胃空。
草木金銀皆滓質，雲霞日月屬朦朧；更饒吐納并存想，總與金丹事不同。

道光曰　真鉛之要，二八爲宗，餘皆非道，枉施功耳。破迷歌云：「休妻不是道，陰陽失宗位；休糧不是道，死去作餓鬼。」王真人曰：「學人剛强辭妻妾，不念無爲無不爲。」蓋道體法自然，一切妄作，烏可與金丹同日語哉！

子野曰　休妻絕粒，干甚什事？草木金銀，有質之物；雲霞日月，外邪客氣；吐納存想，皆出妄爲。俱非「真鉛制真汞」之義，去金丹之道遠矣。

上陽子曰　真鉛乃靈父聖母之氣，若非此氣，將何入室而施功？夫人生天地間，稟凡父之精、凡母之血而有其身，故修仙做佛之道不外乎此。而所異者，須要靈父聖母，方爲真鉛。

何謂靈？常應常靜之謂靈，逆施造化之謂靈。何謂聖？太極初分之謂聖，虎不傷人之謂聖。有此靈聖，方知真鉛之祖宗也。

人之一身，止有許多精氣，洩漏至盡，身何能存？若寶愛之，則身健而命延壽永。又得真鉛而鍊之，豈不仙乎？

世人若無好師訣破真鉛一物，雖行盡三千六百許多傍門，空自有損，若望其成功，奚得哉！

潛虛曰　真鉛即是人之正祖宗，蓋先天祖氣爲生天生地生人生物之根，非謂真鉛又有祖宗也。上陽子謂「有此靈聖，方知真鉛之祖宗」，似有語病。

金丹根宗,聖聖相傳。產藥於坤,播種於乾。陰陽得類,道合自然。達者則信,眾人疑焉。

金丹根宗第十六

萬卷仙經語總同,金丹只此是根宗:依他坤位生成體,種向乾家交感宮。莫恠天機都漏洩,却緣學者自迷蒙;若人了得詩中意,立見三清太上翁。 都,陸西星本作「俱」;却緣,陸西星本作「都緣」。

道光曰 萬卷丹經,至當歸一,皆依坤母生成之理,逆而修之,種在乾家交感之宮。仙翁於此洩盡天機,學者酷自迷蒙,不肯近取諸身以明至道,鍊一黍米而賓於天也。

子野曰 他爲坤位,我是乾家,藉彼坤中生物之氣,自種靈根於家園之下,以成聖胎耳。

上陽子曰 金丹之妙,不出鉛汞二物爲根宗也。世人爲不知金丹之有根宗,則不知内外二丹之妙。夫安爐立鼎,外也;乾家坤位,外也;離己坎戊,外也。金精木液,内也;紅鉛黑汞,内也;先天一氣,内也。唯此先天一氣,雖曰在内,而從外來,故仙師有依他種而之密旨。參同契云:「丹砂木精,得金乃併。」又云:「太陽流珠,常欲去人,卒得金華,轉而相因。」無非是此鉛金一物,但依世間男女生成之法,而逆種於乾宮。故真一子云「更爲男女，近作夫妻」者，此也。

真仙聖師，慈悲開諭，接引當來，用心至博，然不免洩盡天機。學者奚可懷愚蒙之淺見，起執迷之妄想，多生謗毀，惑亂仙經？豈知一失人身，萬劫莫贖，切宜三思，諦觀諦受。咦！世人若不迷蒙，個個可辦此事。伏維此書，在在處處，有百萬神兵擁護，豈可忽之？一切學仙道伴，因緣遭逢，得遇此書，時加敬仰，信受奉行，勿生驚疑，勤而行之，立躋天仙之位也！

潛虛曰 入藥鏡云：「產在坤，種在乾。」詩之意蓋本於此。上陽謂「依世間男女生成之法，而逆種於乾宮」，其說似支。

悟真篇四註卷之二

七言絕句六十四首 以象八八六十四卦之數。

作原丹第一

陰陽精氣，金丹之根。

先把乾坤爲鼎器，次摶烏兎藥來烹；既驅二物歸黃道，爭得金丹不解生？

道光曰 經云：「日月本是乾坤精。」聖人以乾坤喻鼎器，日月喻藥物。乾坤即真龍真虎，日月即龍虎之弦氣也。聖人假名託象立喻，其要妙在真一之精歸於黃道也。

子野曰 我爲乾鼎，彼爲坤器，乾坤覆合，則驅二氣會於中宮，加以進火養符，毫髮無差，金丹烏得不生焉。

上陽子曰 鼎器者何也？靈父聖母也，乾男坤女也。藥物者何也？靈父聖母之氣，乾男坤女之精。驅此二家之物，歸鍊於神室中，以成靈丹。黃房公曰「手握乾坤，口吞日月」者是也。

潛虛曰　「鼎器」二字可分，陰符經云「爰有奇器」；「藥物」二字亦可分，道德經云「恍恍惚惚，其中有物」；「驅二物」三字，本入藥鏡。

作藥化第二

安爐立鼎，制魄鈐魂，變化絪緼，成功妙矣。

安爐立鼎法乾坤，煅鍊精華制魄魂；聚散絪緼爲變化，敢將玄妙等閒論。

道光曰　積諸陽氣爲天，上不潤下；積諸陰氣爲地，不下炎上。此天地不交也。不交焉能造化生萬物哉？蓋天雖至陽，而中有一陰之氣，故能降地；地雖至陰，而中有一陽之氣，故能昇天；二氣絪緼，萬物化醇。金丹之道，安爐立鼎，煅鍊精華，以制魂魄，莫不取法於天地以類交結而成造化。始自無中生有，復自有中生無，無形而能變化，是名變化無窮。此乃天機也。

子野曰　安爐立鼎，法效天地。地天則泰，天地則否。至於絪緼變化之妙，其旨微矣。

上陽子曰　爐鼎是彼我，乾坤即男女。靈父聖母所媾之氣曰「精華」，又曰「華池神水」，以此變鍊於凡父母軀殼之中以成丹。皆倣天地之造化耳。

潛虛曰　詩意重「絪緼」二字，乃交泰之妙也。石函記云：「天不降而地不昇，天不氤而地不氳，妙用何從生哉？」

鍊藥之爐，其名偃月，中有玉蕊，
初弦之氣，火力調停，黃芽漸長。

明竅第三、弦氣第四

休泥丹竈費工夫，鍊藥須尋偃月爐；自有天然真火候，不須柴炭及吹噓。

道光曰　偃月爐之形，仰開如偃月樣，陰海是也，元始祖氣存焉，何用柴炭吹噓之有？

子野曰　葉文叔指兩腎爲偃月爐，是不知也。謬註於世，誤人甚矣。

上陽子曰　純陽翁云「曲江上，見月華瑩淨」，此即偃月爐也。佛祖之西江，皆此一竅而已。

偃月爐中玉蕊生，朱砂鼎內水銀平；只因火力調和後，種得黃芽漸長成。

道光曰　偃月爐，陰爐也，中有玉蕊之陽氣，即虎初弦之氣；朱砂鼎，陽鼎也，中有水銀之陰氣，即龍初弦之氣。金丹以此二弦之氣調停和合之功，種得一粒黃芽，結成黍米之珠也。

上陽子曰　偃月爐中玉蕊，即陰中之陽，坎中之物也；朱砂鼎內水銀，即陽中之陰，離中之火也。陰陽二氣相生，黃芽方結丹成。

潛虛曰 「生」「平」二字有味。生者，陽動也；平者，勻平也。玉蕊不生，符信不真；二八不當，情性不親。

長生大藥，黃芽爲根。
嚥津納氣，徒勞無成。

真種第五

嚥津納氣是人行，有藥方能造化生；鼎內若無真種子，猶將水火煮空鐺。

道光曰 嚥津納氣，世人多行之，殊不知皆後天地生至陰之物，非先天之氣。夫先天真一之氣，混於恍惚杳冥之間，難求難見，聖人以法伏之，變鍊成丹。此氣是名真種子。經曰：「伏氣不服氣，服氣須伏氣；服氣不長生，長生須伏氣。」

子野曰 真種子，即真鉛也。《契》云：「植禾當以黍，覆鷄用其卵。」

上陽子曰 物無陰陽，安能生產？人無真種，豈有娠孕？嚥津納氣，一己之陰。孤陰不產，獨陽不生，陰陽若真，方得真種。咦！妙矣哉！

潛虛曰 真種子就是藥。此藥乃先天真乙之氣，故曰「真種」。

真種何物，竅中弦氣。西川蟾光，金水混融。水中之金，不在深山。

真鉛第六、莫入山第七

調和鉛汞要成丹，大小無傷兩國全；若問真鉛是何物，蟾光終日照西川。

道光曰　驅龍則汞火飛揚，駕虎則鉛光閃爍，絪緼造化，一粒先天之氣結成丹。龍大虎小，陽尊陰卑之義，何傷之有？

蟾光者，金水之精，聖人以八月十五夜，合金木之氣，結真一之精，故云：「蟾光終日照西川。」

子野曰　求鉛伏汞之法，要在調和，使無太過不及之患。太過則恐傷彼，不及恐不結丹。大小者，言陰陽也，易曰「大往小來」。蟾光照西川，水中有金也。

上陽子曰　乾之長男曰震，言大也，主產汞；坤之少女曰兌，言小也，主產鉛。震兌調和，何傷之有？兩國全者，彼既無虧，我亦濟事。真鉛，生於兌，兌位乎西也。

潛虛曰　大小兩國，出老子；西川，亦云「西江水」。

未鍊還丹莫入山，山中內外盡非鉛；此般至寶家家有，自是愚人識不全。

道光曰　龍不在東溟，虎不在西川，家家自有，逆而修之，還丹可冀。

子野曰　已失而後得者，謂之還；　已去而後來者，謂之返。作丹之要，非鉛不可，此鉛家家有之，惜人不識之也。

上陽子曰　世人但見一段奇山秀水，則衆皆言此地好修行，古人多少人誤了也。豈知大川幽谷所有者，木石麋鹿而已，是皆非類，不可煅鍊大還丹也。若鍊還丹，必求同類；　若求同類，大隱市廛。仙翁前詩已云「何必深山守靜孤」之句，至此再提，此意可謂深切。此般真鉛，家家有之，人人有之，只爲夢生醉死之場，依稀過了，不遇真師，誰人識得？

潛虛曰　黃庭經云：「入山何難故躊躇。」只爲真鉛難得，真侶難求，故和光混俗以須大事耳。若更入山，只獨修而已。

作同類第八

真鉛真汞，氣類相求。
西南得朋，乃與類行。

竹破須將竹補宜，覆鷄當用卵爲之；　萬般非類徒勞力，爭得真鉛合聖機？

覆鷄，陸西星本作「抱鷄」。

道光曰　竹器破矣，用金木之類補之可乎？　若欲器完，必竹補之。鷄將覆矣，以土木之類抱之可乎？　若欲翼生，必以卵覆之。陶真人曰：「竹破須竹續，木破須木補，屋漏以瓦蓋，人衰以類立。」若修天仙，必求同類，方合聖機。

子野曰　紫陽真人說到這裏，可謂步步向前。

上陽子曰　從來神仙不肯分明說，說得分明笑殺人。崔公入藥鏡也只三字義。

潛虛曰　詩意本參同。

先天真鉛，能伏己汞。後天汞老，功成身退。

用鉛不用第九

用鉛不得用凡鉛，用了真鉛也棄捐；此是用鉛真妙訣，用鉛不用是誠言。

道光曰　凡鉛者，即後天生滓質之物；真鉛者，即真一之氣。人之精氣，日逐飛散，無由凝聚以結聖胎。聖人鍊真鉛，取而伏之，凝結成砂，日逐運火，漸漸添汞，汞氣漸多，鉛氣漸散，添汞減鉛，真妙如此。十月火足，六百卦終，鉛氣飛浮，只留得一味乾水銀。鉛盡汞乾，化爲金液大丹，體變純陽，與天地齊壽。學者問道至此，則知師恩難報，當盟心於天日之下，誓當成道，以答師恩，若負師恩，如負天日也。

子野曰　用鉛之法，如捕魚兎之筌蹄，魚兎賴筌蹄而得之，既得，則筌蹄無用矣。亦如鉛池煎銀，銀出不用鉛矣。知此義者，則知用鉛矣。

上陽子曰　老子經云：「天地無全功，聖人無全能，萬物無全用。」深明斯旨，則知用了真鉛即棄之義。

潛虛曰　或問紫賢註內添汞減鉛之說。曰：「予聞之立陽先生，得藥歸鼎之後，養以神火，晝夜功勤，是添汞也。久之，神氣混融，鉛入汞內，日覺其減，故汞氣漸多，鉛氣漸散。喻如炊飯，米漸大則水漸乾。抽添之妙，意蓋如此，然却非仙翁『棄捐』之本意。」陸陳得之。

命以術延，性以道全，性命雙修，知所先後。

先實腹第十

虛心實腹義俱深，只爲虛心要識心；不若鍊鉛先實腹，且教守取滿堂金。

道光曰　守精以實腹，腹實則金玉滿堂；抱一以虛心，心空則一塵不立。方其虛也，則鍊鉛以制之；及其實也，則抱一以守之。形神俱妙，與道合真。修丹之士，若鍊鉛金，毋搖汝精，精少則還丹不成。

子野曰　心虛則念淨，一塵不立；腹實則丹成，四大牢固。念淨丹成，形神俱妙。

上陽子曰　非鍊己功勤，則欲心虛而不能；非全精絕慾，鍊鉛功熟，則欲腹實而不能。全神虛心常應，實腹常靜。常應常靜，常清靜矣。今人以精氣斷喪殆盡爲不識心，仙翁教守取滿堂金玉，方爲返本還元也。

潛虛曰　虛心，乃丹成之後，抱元守一之功。上陽以鍊己當之，殊失「先」字之義。

真人指玄第十一

夢謁西華到九天，真人授我指玄篇。其中簡易無多語，只是教人鍊汞鉛。

道光曰　我如來云：「惟此一事實，餘二即皆非。」金丹之道，除汞鉛之外，別無妙法。

子野曰　高象先日夕思真，不覺魂昇玉京，上帝遂命西華太乙夫人指示金丹訣，其篇有曰：「乾坤陰陽之門户。乾道男，坤道女，時人不識真陰陽，茫茫天地尋龍虎。」又云：「叔通從事魏伯陽，相將笑入無何鄉。準連山作參同契，留爲萬古丹經王。」真人言甚多，只是鍊鉛制汞耳。

上陽子曰　志於道者，神仙中人也。雖一寢一息之間，未嘗暫忘，故夢寐中常與真仙上聖往來。何也？天無私親，輔於有德。

道生第十二

虛無兆一，分判陰陽，再合重生，萬化滋張。

道自虛無生一氣，便從一氣產陰陽；陰陽再合生三體，三體重生萬物昌。

萬物昌，陸西星本作「萬物張」。

道光曰 道本虛而乃有形之氣，氣本實而乃無形之形，有無相制，則一生焉。夫一生二，二生三，三生萬物。萬物莫不負陰而抱陽，沖氣以爲和。方其未形，沖和之氣不可見也。及空既形，清氣爲陽，濁氣爲陰，二氣絪縕，兩情交媾，曰天，曰地，曰人，三物生焉。易曰：「天地絪縕，萬物化醇；男女媾精，萬物化生。」是以聖人探斯之賾而知源，窮斯之神而知化，故能返本還源，顛倒陶鎔，逆施造化，賊天地之母氣以爲丹，盜陰陽之精氣以爲火，鍊形返歸於一氣，鍊氣復入於虛無，故得身與道合，微妙圓通，變化無窮，隱顯莫測，號曰「真人」。

子野曰 一生二，二生三，三生萬物，即聖胎之真身，雖千百億化而無窮。故金丹四百字云「一載生個兒，個個會騎鶴」，泥丸翁云「一載胎生一個兒，子生孫兮孫又枝」，皆發明三生萬物之義。

上陽子曰 道生一氣，一氣生形，形中又含始氣，是爲先天真一之氣也。此先天氣，順則爲人，逆則爲丹；逆則男子懷胎，順則女人有孕。此重生，專謂修行丹成，陽神出胎，再造陰陽，復爲已上事，故云「三體重生」也。

潛虛曰　詩意本老子，泛言造化。三註差遠。

或問：「虛無兆一，是太極之上復有無極否？」曰：「一即太極，一亦有象，安得謂無？故知一者，無之所生，但渾淪而未破耳。孔子曰：『易有太極，是生兩儀。』老子曰：『天地萬物生於有，有生於無。』故知太極之上有無極也。」

鉛至汞迎，和合成丹。合丹第十三

坎電烹轟金水方，火發崑崙陰與陽；二物若還和合了，自然丹熟遍身香。

道光曰　坎電者，虎之弦氣。虎以陰中之火照爍乾龍，龍即發崑崙之火應之，二物之火相併和合，真一之精自然凝結。即時採餌，百骸俱理，香且美矣。

子野曰　坎電者，水火也。金水爲坤方。水火交擊於坤方，採丹歸己，自然一道真一氣直透頂門，與身中陰氣混合，遍體生香。香生乃丹熟之驗。

上陽子曰　坎電者，乃彼鉛氣發旺之時。我即乘其時至，發崑崙之火應之，所謂一月止有一日，一日止有一時者，此也。

香透丹田，一身調暢，目明體健，得丹之效也。

潛虛曰　金水方，紫賢非是，陸陳得之。陰與陽，即二氣感應，以相與之與！

水火交姤，
功歸戊己。

真土第十四

離坎若還無戊己，雖含四象不成丹；只緣彼此懷真土，遂使金丹有返還。

道光曰　《契》云：「坎戊月精，離己日光。」離己象龍之弦氣，坎戊象虎之弦氣，戊己真土分居二位。龍虎若無二土之氣，安能合併而使四象會於中央以成丹哉？

子野曰　乾坤坎離四象雖具，若非戊己配合，則欲返者不得返，還者不得還。

上陽子曰　四象，即乾坤日月。乾坤乃坎離之體，日月乃坎離之象，戊己乃坎離之門。妙在彼此懷真土，何用意太切。若非兩家各以彼此二土合之，則一氣何由而往來，金丹何由而返還也？老子云「玄牝之門，是爲天地根」者，即彼此二土也。

潛虛曰　真土無形，上陽以玄牝之門當之，恐未盡善。

水取潤下，女居日位。子南午北，
迭爲賓主。取坎填離，是曰還丹。

顛倒第十五、取坎填離第十六

日居離位翻爲女，坎配蟾宮却是男；不會個中顛倒意，休將管見事高談。

日居離位，陸西星本作「離居日位」。

道光曰　日中烏屬陰，故爲離女；　月中兎屬陽，故爲坎男。談不到此，以管窺天。

子野曰　離坎顛倒，見律詩註。

上陽子曰　離外陽而内陰，是有外無内；　坎外雌而内雄，是有内而無外。皆不得純陽。

以坎配離，是云「顛倒」。今時學人，不肯苦志求師，唯記前人幾件公案，入廣衆中，喃喃不住，恃其機鋒敏捷，以逞乾慧。不思訖了舌頭，把做何用？饒他懸河之辯，反爲入道之魔，愈見學識卑污，又安能具大方之眼而拜師於韁鎖之下哉！

太上曰：「知者不言，言者不知。」我太虛李真人得丹之後，聞寺講經，潛衆聽之，出而歎曰：「他門說得是行不得，我門行得說不得。」仙翁憐惻此徒利口誤身，故云「休將管見事空談」也。

潛虛曰　日位太陽，離女居之；　月位太陰，坎男居之。如此顛倒互換，必有深意，三註皆欠明白。

取將坎位中心實，點化離宮腹裏陰：從此變成乾健體，潛藏飛躍盡由心。

中心，陸西星本作「心中」；腹裏陰，陸西星本作「腹内陰」；盡由心，陸西星本作「總由心」。

道光曰　離外陽而内陰，坎外陰而内陽，以内陽點内陰，即成純乾。金丹在外，本是至陽之氣，號曰「丹」，而結在北海之中。以法取來，點己陰汞，化爲純陽，然後運水火抽添總由我也。

子野曰　坎中之陽，乾也，乾動而陷於坤以成坎，乾却爲離。修鍊之法，當於坎中取其一陽，歸還於離，而復純陽，則修丹之法，能事畢矣。

上陽子曰　漆園莊老仙云：「鴻濛雲將，謀報渾沌之德，日鑿一竅，七日而渾沌死。」一世之人，假父母一點真陰真陽而有此身，渾渾全全，無一虧欠。及乎二八之年，方得養就純陽之體。已而，鴻蒙雲將者皆至，六賊日藏於外，七情夜殘於内。豈知純陽交陰則虧全體而成離，純陰負陽則奪一氣而成坎。一切常人殆盡而已，大修行人取坎還離，是爲金丹之道也。

潛虛曰　此「坎」「離」二字又與上章「坎」「離」不同。上章坎離，乃男女一定之名；此章坎離，乃陰陽互藏之精也。三註欠明，至紫賢謂此爲抽鉛添汞之法，異乎吾所聞也。

龍從火出，虎向水生。　母隱子胎第十七

震龍汞自出離鄉，兑虎鉛生在坎方。二物總因兒產母，五行全要入中央。

道光曰　汞爲震龍，屬木。木生火，木爲火母，火爲木子，此常道之順五行。如朱砂屬火，爲離，汞自砂中生，却是火反生木，故曰「兒產母」也。鉛爲兑虎，屬金。金生水，金爲水母，水爲金子，此常道之順五行。如黑鉛屬水，爲坎，銀自鉛中生，却是水反生金，故曰「兒產母」也。太白真人曰：「五行顛倒術，龍從火裏出；五行不順行，虎向水中生。」二物互相生產，而成四象，會中宮，合五行，而結丹也。

子野曰　大概明「兒產母」之道。

上陽子曰　震爲乾之長男，遵父之志而行道；兑爲坤之少女，代母之位而行道。震兑合而龍虎降，離坎交而鉛汞產。餌丹歸於中央神室也。

潛虛曰　此言鉛汞土三性會合於中宮而成丹。上陽註震兑，較遠。

金本從月，癸生急採。

藥候第十八

月纔天霽半輪明，早有龍吟虎嘯聲；便好用工修二八，一時辰內管丹成。

天霽，陸西星本作「天際」。

道光曰　仙翁所以指示月半輪者，但發明二八兩半輪之數，取喻於龍虎。此道妙用，却在一時辰中分作六候，只於兩候中金丹立成，尚餘四候別有妙用。此皆天機，難書竹帛，口傳心授是也。愚者不得真師，却言藥成於一時非止用一時辰者，蓋匹夫茫然，不知所歸，私意揣度，亦何謬甚。若云非止用一時辰，是將欲以日辰矣，爲至簡至易之妙也。此道非人間世上可得聞也，要須大德大善，方許參求。

謹按：大丹火記曰：「聖人下工之際，造鉛之初，盜混元一周天之氣，奪三千零七十三萬年正數，聚於乾坤之鼎，會於生殺之舍，天地之數奪盡，日月之數奪盡，龍虎之數奪盡，陰陽五行之數奪盡，生成之數奪盡，擒在一時辰中，製造聖丹一粒，大如黍米，其重一斤，至靈至聖，至尊至貴，爲天地之元精，作一身之主宰，可謂賊天地，盜陰陽，宇宙在乎手，萬化生乎身，得成至真仙子，賓於上帝，則一時丹成。」即其驗也。

子野曰　藥生之時，如月出庚而至丁，乃上弦金半斤之氣候，斯時陰陽相逢，易於交媾。至於十五，三陽圓至東方甲，則月已一輪昇天，乾金二八之氣候。學者知其時而修鍊，則此一時之中金丹可成。

上陽子曰 月纔天際，月初受日之微陽；虎嘯癸生，虎旺先天之始氣。時來勿失，爐損難全。

紫陽老仙說到這裏，一步緊一步，唯恐後人之不仙也。愚夫濁子，終日談道，以盲引盲，既不知龍吟虎嘯爲何物，又不知用工在一時，懵無所知，却謗老仙之語爲三峯採戰之術。可憐此徒，只管罪深，與夫且道這一時是甚麼時，咦！莫向天邊尋子午，早從身上數坤申。

潛虛曰 天際月明，以象庚生之候；龍吟虎嘯，以明爻動之機。妙在「纔」「早」二字。泥半輪爲上弦金半斤者，於意差緩。詩意貴在知時採取。陸陳註互可商議，精義者得之。

鉛汞相交，調以意土。黃婆媒合第十九

華嶽山頭雄虎嘯，扶桑海底牝龍吟。黃婆自解相媒合，遣作夫妻共一心。

道光曰 華嶽乃西山月出之地，以象虎。雄虎乃虎初弦之氣，陰中之陽，故云

「雄虎」。扶桑乃日出之所，以象龍。牝龍乃龍初弦之氣，陽中之陰，故云「牝龍」。二物間隔東西，黃婆能使之交合結爲夫妻，以產黃芽。

子野曰　坎上離下，調以中和之意，則虎龍相愛如夫婦。黃者，中也；婆者，女之終稱：故無妒忌而能媒合。黃婆之義，中和盡焉。

上陽子曰　山頭雄虎危而難伏，海底牝龍險而難降，非有大力量大勇猛之士，安能駕馭哉？即如金丹，是一個至陽之氣，居於恍惚不測之內，危而難得，險而難收，自非積德重厚，鍊己純熟，安能施功而得之哉？且道如之何，得他共一心。咦！若求天上寶，須用世間財。

潛虛曰　吟嘯者，陰陽相求，生機之動也。黃婆，子野得之。

虎既猖狂，龍復獰惡，云何死鬥，云何降伏。

成丹降龍伏虎第二十

西山白虎性猖狂，東海青龍不可當。兩手捉來令死鬥，化成一塊紫金霜。

性，陸西星本作「正」。

道光曰　海蟾云：「左手捉住青龍頭，右手扯住白虎尾；一時將來入口吞，思量此物甚甘美。」此言外象。愚者未聞至道，將兩手捉兩獸，又非也。

子野曰　西山白虎，坎中金精；　東海青龍，離中木性。二物獰惡猖狂，不易擒捉，若得法制之，則彼此和合而化成丹。這個「死」字，極有深理。諺云：「欲求生富貴，須下死工夫。」

上陽子曰　虎有傷人之理，要思所以伏之；　龍有奔逸之患，要思所以降之。且道云何降伏？云何死門？　咄！「耳口目三寶，閉塞勿發通；　真人潛深淵，浮游守規中。」

潛虛曰　讀此詩者，不可執象泥文，只爲兩手死門，反啟紛紛邪僻之門。肯綮上陽得之。

得藥行火第二十一

交媾坎離，運行復姤。

赤龍黑虎各西東，四象交加戊己中；　復姤自茲能運用，金丹誰道不成功。

道光曰　赤龍黑虎，交於戊己，產丹一粒，歸納中宮，進陽火於復卦，退陰水於姤爻，運用抽添，金丹成矣。

子野曰　龍西虎東，所以間隔，欲使相逢，須憑戊己。既得交姤，產生紫金之丹，養火於復姤之功矣。

上陽子曰 我趙老師因見一人，盡日談道，每謂曾遇高人發明。師即前拜而問曰：「道不敢問，且道龍虎是何物？」人曰：「龍虎在汝身。」師曰：「作何狀？」人曰：「肝肺是也。」師曰：「汝當入拔舌地獄受報去矣，更不向世間誤賺人。」今紫陽翁指示龍虎二物，忒殺切了。夫我之物爲龍，彼之物爲虎，有彼我之分，是云「各東西」。龍之頭爲己，虎之門爲戊，龍虎因之而交會，復姤由兹而運用，金丹得之而功成。咦！知之非難，行之惟難。

潛虛曰 戊己只作中宮，意味自長。陸陳皆泥象而解。或問：「『戊己合，成刀圭』，圭者二土，刀者何義？」有一士人會意而解，「𠃌」者「己」字，「丿」者「戊」字。前無所本，似爲得之。高象先云「不若先敲戊己門」，以爲龍頭虎門者，古有之矣。

大藥之求，先資鍊己。

鍊己求藥第二十二

先且觀天明五賊，次須察地以安民；民安國富方求戰，戰罷方能見聖人。

道光曰 天有五賊，見之者昌。人能見此而逆修之，則宇宙在乎手，萬化生乎身。察地之理，先須安民。民爲邦本，本固邦寧。聖人以身爲國，以精爲民，以火爲臣，以丹爲主。

吾儕以心觀天，擒五賊而逆修之，盜陰陽而運化之，時真一之精可奪，而乾己之陰汞，精固氣全，求戰必勝，而見聖人矣。

子野曰 天者，心也；五賊者，心中具五行之性，五行各具一性，則互相戕賊之元氣，皆爲賊矣。金主怒，木主喜，水主涼，火主炎，土主靜，此五行之性。能見此賊者，則心無雜念，體若太虛。

地者，一身之謂。身中精氣神，人民也。精全氣壯謂之民安，四大康健爲之國富。國富而戰，爲克捷矣。倘此心妄想不降，此身之根本不固，盜賊蜂起，精耗氣散，以此而戰，則必殞身而已，何可得見聖人乎？此章正是修心鍊己築基事業。

上陽子曰 金丹之道，先須鍊己，使神全氣盛，七情不動，五賊不亂，六根淨盡，精難搖動，此謂賊不打貧家。丹道之言五賊，即眼、耳、鼻、舌、意爲天之五賊，色、聲、香、味、觸爲世之五賊，愛、慾、貪、嗔、癡爲內之五賊。天之五賊不謹於内，則内之五賊蜂起；世之五賊不除於外，則天之五賊豺生。是以眼見色則愛起而賊精，耳聽聲則慾起而摇精，鼻聞香則貪起而耗精，口嘗味則嗔起而走精，身意遇觸則癡起而損精。五者日夜戕賊於身，其精能有幾何？精一去則神氣隨之喪矣。修行之人，以身爲國，以精氣爲民，精不動摇謂之民安，神氣充裕謂之國富。以求丹爲戰敵，以先天一氣爲聖人。鍊己者，去五賊之害而先守精養氣，然後可以戰勝而得先天真一之氣。仙師以戰爲喻者，使人恐懼修省。愚者不明鍊己去賊之害，觀此「求戰」「用將」「輕敵」等語，指爲三峯採戰之說，至於結不可解。咦！愚者愚，賢者賢。

潛虛曰　察地，欲得地也。察地所以安民，三註可誦。

或問：「三峯採戰之說，諸家非之，而悟真每言『求戰』『死鬥』，抑又何歟？」曰：「三峯之言採戰，乃空國興師之戰。其言採，乃採取後天渣質淫濁之氣，有戰之名，有戰之事者也；悟真之言戰鬥，乃陰陽均敵，舉水滅火，以金伐木，有戰之理，無戰之事者也。易曰：『陰疑於陽必戰。』解曰：『疑者均敵，而無大小之稱。』今夫兩弦之氣，二八相當，非均敵乎？兩相飲食，遂相併吞，非戰乎？老子曰：『抗兵相加，哀者勝之。』又曰：『行無行，攘無臂，仍無兵。』是名之爲戰，而實無所戰也。彼三峯之說，可以同日而語乎？」

鍊己純熟，可以臨爐。**臨爐機要第二十三**

用將須分左右軍，饒他爲主我爲賓。勸君臨陣休輕敵，恐喪吾家無價珍。

道光曰　將者，火也。左爲文火，右爲武火。饒他爲主者，主爲陽雄而好爭，賓爲陰雌而好靜；　我爲賓者，是守雌而不雄，持靜而不爭，慮險防危，驚畏之意，兵法曰「以逸待勞，以靜制動」是也。

道之用在火，火之用在人。先定刻漏以分子午，次接陰陽以爲化基。搬六十四卦之陰符，鼓二十四氣之陽火，天關在手，地軸由心；　回七十二候之要津，攢歸鼎內；　奪三百六十之正氣，輻湊胎中。運用有方，抽添有序，動則防危慮險，靡敢分毫差忒。外接陰陽之符，內生真一之體。苟或運心不謹，節候差殊，致使姹女逃亡，靈胎不結還丹，無價之寶失矣。亦如臨陣不守雌而輕敵也。

子野曰　以軍將爲喻者，蓋兵者乃凶器，善用之可全性命，若輕戰易敵，必致敗亡。採藥之際，當以彼我分左右軍伍，我爲左軍，彼爲右軍，動容周旋，端謹誠肅，無令一毫犯其嚴令，庶可保全無失喪也。

上陽子曰　左爲我，右爲彼。饒他爲主我爲賓者，彼居上而我在下，彼欲動而我欲靜也。仙師言求丹乃以軍敵爲喻者，蓋霎時間稍有不謹，即所敗矣。可輕易乎？

金丹九還，唯只半個時中造化爭弛。龍虎交戰，奪天地主宰之造化，奪太極未分之造化，奪乾坤交媾之造化，奪陰陽不測之造化，奪水火既濟之造化，奪五行戰剋之造化，奪萬物生成之造化，聚於頃刻，而求一點先天真氣以鍊成丹，其可不謹懼哉？

故此章專喻外丹法象。若得外丹，神仙之能事已畢，是戒臨陣休輕敵也。修行之士，做得這一著出來，方云難事。還丹只此，實爲最難。故如來云：「世尊說此難事，是爲甚難也。」若稍輕敵，七情六賊有一不妨，則吾家至輝至精之寶喪矣，安可輕敵乎？

潛虛曰 老子云：「吾不敢爲主而爲客。」又云：「輕敵幾喪吾寶。」詩意本此。

水火制伏第二十四

火生於木，禍發必尅，孰能制之，金公之力。

火生於木本藏鋒，不會鑽研莫强攻；禍發只因斯害己，要須制伏覓金公。

道光曰 火生於木，禍發必尅；精生於身，動之必潰；不會鑽研，禍斯害己。

只因，陸西星本作「總因」。

呂真人曰：「火發七户密牢關，莫教燒破河車路。」此要制伏覓金公也。

子野曰 木中有火，乃本來已抱此殺氣矣，倘其一發，則木必焚。蓋此生殺之機，隔一線地，百姓昧此，皆流於淫蕩邪僻之歸已。聖人察其火之將發，以水制之，則火不能爲害也。

上陽子曰 木喻此身，此身日夜長大，而精氣復至乎我之身矣。至於年壯，我之精氣且盛，而愛慾之禍至矣，不可得而制伏，若欲制伏，必得先天真鉛方可。然不得真師指示真鉛端的次第，切莫强爲也。

潛虛曰　三註可玩。

先天陽精，逃入坎宮，隱於兑位，寄養西鄰，震用伐之，光復舊物，之子于歸，配我姹女。

金公歸舍第二十五

金公本是東家子，送在西鄰寄體生。認得喚來歸舍養，配將姹女作親情。

道光曰　金丹作用法象，有陽中之陰復陽而又陰者，有陰中之陽復陰而又陽者，又有内藥陰陽、外藥陰陽、内三性、外三性、内五行四象、外五行四象，又有内外陰陽互用法象，反反覆覆，不可名狀。吾儕親承玄旨，不可蹉跎。

子野曰　此章與前「取將坎位中心實」義同。

上陽子曰　「震是東家西是兑，若求兑位莫離壬」，如此方是認歸，且不可作容易喚來。既能喚來，最緊關是歸舍一節。咦！件件是難底勾當，奚敢妄爲，又安敢妄說？世有一等地獄種子，開口便云，說禪説道，賺到老死，猶不知悔，又豈能解圓悟禪師之語哉？圓悟云：「脚根不廓爾，無禪之禪，謂之真禪，似兎懷胎；頂門上五耀，無道之道，謂之真道，蚌含明月。」此豈不是認得喚來歸舍之妙乎？

潛虛曰　此章與下一詩，言鉛汞、真汞配合之妙。篇内皆有「歸舍」字，乃詩眼也。

姹女嫁金公第二十六

姹女出遊，順往逆歸，既見君子，夙駕河車，峯迴路轉，憩我中宮，伉儷永諧，十月懷胎。

姹女遊行自有方，前行須短後須長；歸來却入黃婆舍，嫁個金翁作老郎。

後須長，陸西星本作「後行長」；金翁，陸西星本作「金公」。

道光曰　姹女，汞也。遊行有方，是外藥作用。鍊丹之初，運汞火，不半個時，即得真精餌之，此爲前行須短；服丹之後，運己汞火，却有十月之功，此爲後須長。黃婆爲内象，即土釜；金翁，即真鉛；老郎，即純陽也。

子野曰　姹女，己之陰汞，前順去後逆歸。順去則片餉之間陷溺於彼，逆歸則自下即上周流一身，落中宮與鉛合，而結聖胎。

上陽子曰　姹女是己之精，遊行有方者，精有所行之熟路。常人精每虧少，但凡交感，激撓一身之骨脈，攪動一身之精髓，情慾方動，心君亦淫，三尸搬於上，七魄摧於下，方得精自兩脛而上，由五臟升泥丸，與髓同下，自夾脊雙關至外腎交媾，此爲五濁世間法，此謂遊行自有方，此謂常道之順也。

金丹則不然，行顛倒之法，持逆修之道。大修行人，鍊己純熟，身心不動，魂魄受制，情慾不干，精氣滿盈，如驟富之家，何處不有金玉？待彼一陽初動之時，先天真鉛將至，則我一身之精氣不動，只於内腎之下就近便處，運一點真汞以迎之，此謂前行短也。真鉛既渡鵲橋之東，汞與鉛混合，却隨真鉛升轆轤三車，由雙關夾脊，上入泥丸，遍九宫，注雙目，降金橋，下重樓，入絳宫冶鍊，此爲遊行自有方，此謂後須長也。然後還歸黄庭神室，交結成丹，此謂歸來却入黄婆舍而嫁金翁也。此爲顛倒五行而逆修也。及温養十月以成真人，與天齊壽，是謂老郎。

仙師説得次第明白如此，諸家所註皆略而不詳者，莫敢洩漏故也。僕願天下人，願後世萬萬人皆以此而成仙作佛，僕亦甘受漏洩之咎。真仙聖師在上，天地神明鑒之。

潛虚曰 註中紫賢言火候長短，子野、上陽却言真汞遊行之方，二公得之。

藥物既真，火候須知。

口訣通玄、聖師希遇第二十七、二十八

縱識朱砂與黑鉛，不知火候也如閑；大都全藉修持力，毫髮差殊不作丹。

道光曰 金丹造化，毫髮差殊，失之千里。聖人傳藥不傳火，火候從來少人知。

子野曰 雖識得真鉛真汞，不知火候，聖胎不結。何哉？蓋火性暖而能融物之真，使其交媾，若無火，則鉛自鉛、汞自汞，各不交矣。

上陽子曰 鼎器藥物，仙師詩中發洩到盡，唯火候不留於文者，蓋必要師傳。若

不得師口傳，雖知藥物，丹亦無成。且火候次第，自有數節，豈愚人妄猜者所能知。

潛虛曰 丹者，和氣之所成，毫髮差殊則水火偏勝，失其太和，故丹不可成。

契論丹經講至真，不將火候著於文；要知口訣通玄處，須共神仙仔細論。

道光曰 火記六百篇，篇篇相似，與天合度。天之所秘，聖莫傳之，獲遇真師，仔細究竟。

子野曰 火候丹中要，非師勿妄猜。

上陽子曰 有外火候，有內火候，古仙上聖，丹經萬卷，不指火候者，莫敢洩天寶也。僕今指出內外火候，願後來學人個個成仙也。

伯陽翁云「三日月出庚」，外火候也；崔公曰「天應星，地應潮」，外火候也；純陽翁曰「正一陽初動，中宵漏永，溫溫鉛鼎，光透簾幃」，外火候也。這般題出，大似分明。

廣成子曰「丹竈河車休矻矻，鶴胎龜息自綿綿」，內火候也；仙師詩曰「謾守藥爐看火候，但看神息任天然」，內火候也。

丹經，陸西星本作「經歌」。

未鍊丹時，最難得者是外火候，此有爲有作立基之事； 內火候則已得丹，但任天自然，乃大休大歇，大自在無爲之功也。

潛虛曰　此篇所論內外火候，無出上陽，實神仙之要訣也，學者更當熟玩。

人間活子時第二十九

天上中秋，金精壯盛，陽生急採，後時無及。

八月十五翫蟾輝，正是金精壯盛時； 若到一陽纔起處，便宜進火莫延遲。

纔起處，陸西星本作「來起復」。

道光曰　八月十五，是金水氣旺，一陽來起復，乃上天之子時，內外二火工夫宜疾進也。

子野曰　金精壯盛，如八月十五夜月。月爲金，金旺酉，八月建酉，故以此喻。此時進火鍊之，無待莫旺過而衰也。

上陽子曰　水清金旺，天上之蟾月星輝； 鉛遇癸生，人間之藥物可鍊。正是一陽初動，便莫遲延，毋令鉛鼎漸虧，空勞神用。仙師此詩，特言外火候也如此。

潛虛曰　或問：「既言八月十五，又言三日出庚，其義安在？」曰：「十五象金水之氣足，三日象金水之藥新，氣不足則水不生。合而言之，其意自見。」問活子時。曰：「凡可算數計、色相求者，皆非活也。」聖聖傳心，惟此而已。微哉！微哉！

受氣防危第三十

受氣吉，防成凶。

一陽纔動作丹時，鉛鼎温温照幌幃；受氣之初容易得，抽添運用却防危。

却防危，陸西星本作「切防危」。

道光曰　一陽子時，造丹鼎內，真鉛得火，光透簾幃。丹既在內，十月運用抽添，有防危之功也。

子野曰　學者趁一陽動時作丹，鉛鼎光生，真氣易得。及退藏於密，尤當謹慎抽添。

上陽子曰　崔公之入藥鏡云「受氣吉，防成凶」意同。

丹熟第三十一

卦氣周天，脱胎神化。

玄珠有象逐陽生，陽極陰來漸剝形；十月霜飛丹始熟，此時神鬼也須驚。

道光曰　有象者，冬至則逐陽生而進陽火，夏至則退以陰符，剝至十月，還丹始熟。

子野曰　玄珠者，藥之象。藥不能自生，須感陽氣而生。自微至著，陽極陰消，十月數周，大丹成就。

上陽子曰　此言內丹法象抽添温養之事。金丹大要書所言抽添温養工夫甚詳。

兩弦藥味第三十二

金水匀平，二八相當，採藥歸爐，烹煎温養。

前弦之後後弦前，藥物平平氣象全。採得歸來爐裏煅，煅成温養自烹煎。

藥物，陸西星本作「藥味」。

道光曰　月至三十，陽魂之金散盡，陰魄之水盈輪，故純陰。陰而無光，法象坤☷，故曰「晦」。晦朔兩日，日月交合，同出同没。至於初二，月感陽光而孕，初三即現一陽於坤方庚上，即魄中生魂，法象震☳。此時，人身金氣初生，藥苗新也。初八日二陽生，法象兑☱，此時魄中魂半，其平如繩，故曰「上弦」。弦前屬陽，弦後屬陰。陰中陽半，得水中之金八兩，其味平平，其氣象全。十五日三陽備，法象乾☰。此時陰魄之水消盡，陽魂之金盈輪，是以團圓，純陽而無陰，故云「望」。陽極則生陰，十六日輪生一陰，魂中魄生，象巽☴。二十三日二陰生，象艮☶。此時魂中魄半，亦平如繩，故曰「下弦」。弦前屬陰，弦後屬陽。陽中陰半，得金中之水半斤，其味平平，其氣象全。聖人採此二八，擒居造化爐中，烹煅温養，以成還丹。

仙翁此章，叮嚀反覆，使自己一意也烹煎者，良有妙哉意也！

子野曰　前弦後，後弦前，乃日月合璧之後，太陰將復生之時。此時藥材正新，得其平平之味，急採已，與身中陰汞凝結。始於温養，終於烹煎，此丹熟，自能清。

上陽子曰　仙師詩意，唯欲指示三日藥生一時便修鍊者，亦如太陰領覽初生之氣以成金丹。薛陸所註意同。

或者以前弦爲上弦，以後弦爲下弦者，非也。

潛虛曰　詩意既重平平，則言上下兩弦者，亦未爲非。蓋十五以象藥全，出庚以象藥嫩，兩弦以象藥平。全與嫩，專言外藥，平則兼内外而言之。此註當主紫賢，陸陳於「平平」字不貼。

得藥第三十三

得藥歸鼎，封鎖中宮。

長男乍飲西方酒，少女初開北地花；若使青娥相見後，一時關鎖在黃家。

在黃家，陸西星本作「住黃家」。

道光曰　震爲長男，即龍也；兑爲少女，即虎也；北地，即陰物；花，即陰氣，謂之陰火；青娥，即姹女。

龍之弦氣謂之汞火。修丹之士，驅龍乍來就虎，虎開陰户之花以就龍，龍即動汞火，與白虎交見之後，一時封鎖，會於黃家，以產金丹而成真人。

子野曰　三日生魄，如震陽生坤下。金火本坤之陰氣，震爲來復，食其坤之陰氣，故喻長男乍飲西方酒。震來之地乃兑之位，此地得其陽生消其陰氣，故喻少女初開北地花。開即「發」之意，花乃陰氣。前有「次發紅花陰後隨」之句，同。青蛾即木汞。只此一時，坎離交媾，採藥歸己，封鎖中宮也。

上陽子曰　酒飲西方，男女有東西之位；花開北地，人身辯南北之稱。道光已露出於前，陸公復洩漏於後，聞者受者，信之慎之。

潛虛曰　長男、少女，震兑二象；西方酒，雪山醍醐也。註準紫賢，陸牽强。

卯酉沐浴第三十四

刑德之月，陰陽氣平，宜罷火功，專氣致柔。

兎鷄之月及其時，刑德臨門藥象之；到此金砂宜沐浴，若還加火必傾危。

道光曰　二爲德，八爲刑，時當沐浴，不宜加火。

子野曰　鍊丹之法，陽則進陽火，陰則養陰符，火符隨其消長，不可易之法也。兎鷄之月，卯酉春秋平分之時，陰中有陽，陽中有陰，故於此時不敢進火。但以真氣薰蒸而爲沐浴，保其危險。《契》云「八月麥生」，陰中有生氣；「二月榆死」，陽中有殺氣也。

上陽子曰　刑爲殺，德爲功；刑爲危險，德爲保養。既自金砂在鼎，須要温養保扶。紫清真人尚有「煙氣滿寥穴」之歎，可不慎乎？

潛虛曰　沐浴者，即今告休。沐之意，言罷政事退休也。紫賢註好。

日月之會，三旬一逢。觀天之道，執天之行。

以時易日第三十五

日月三旬一遇逢，以時易日法神功；守城野戰知凶吉，增得靈砂滿鼎紅。

道光曰　太陽太陰，一月一合，聖人則之，縮一日爲一時，以月易日，以日易時。守城則沐浴罷工，野戰則虎龍交媾。神功者，進火之度。苟或陰陽錯亂，日月乖戾，外火雖動，内符不應，必要進火退水，知吉知凶，旋斗歷箕，暗合天度，自然靈胎密就，神鼎增輝也。

子野曰　太陰太陽，一月一度合璧。修鍊之法，以時易日而交離坎。時乃晦盡朔來藥生之時，即非尋常時也。

上陽子曰　一年十二度月圓，月月有陽生之日；一月晝夜三千刻，刻刻尋癸生之時。野戰則採鉛，守城唯温養。要知凶吉，方保成功。

潛虛曰　陸陳註好。

得意忘象第三十六

否泰纔交，屯蒙用事。聊陳兩象，休泥其文。

否泰纔交萬物盈，屯蒙受卦稟生成；此中得意休求象，若究羣爻謾役情。

道光曰　冬夏二至，爲一陰一陽之首；子午二時，爲一日一夜之元。聖人運動陰陽符火，協天地升降之道，日月往來之理，攢族四時八節二十四氣七十二候，環列鼎中而生真一之體，故託諸卦象，分壁於一月三旬之中，以闡玄機，以明火候。若執而用爻象者，非也。

但屯蒙爲衆卦之首，以象作用生成之始，造化稟受之原，故朝以屯暮以蒙也。否泰運用，陽升陰降：春分陽氣升到天地之中，陰陽相半爲泰卦，亦如月之上弦氣候，此時陰陽自然相交，不進火候，謂之沐浴；秋分陰氣降到天地之中，陰陽相半爲否

受卦，陸西星本作「二卦」。

卦，亦如月之下弦氣候，此時陰陽自然交結，不進火候，謂之沐浴。斯亦法象如此，何勞執諸卦爻哉！

子野曰　陰陽一交，則萬物生生而無窮。使其交者，火候也。朝屯暮蒙，乃行火之綱領。學者知之，則其餘卦象皆自然而然。

上陽子曰　天地未通爲否，陰陽已交爲泰，屯稟生成之始，蒙受育養之功。此言內丹之道。

潛虛曰　否泰纔交，採藥也；屯蒙二卦，行火也。朝屯暮蒙，是取卦爻反對，爲火符升降之象。故自屯蒙以至既未，六十卦分配於一月之中，終則復始。稟生成者，陽起於子極於巳，稟主生物；陰生於午終於亥，稟主成物也。然不過取象其意而已，非實有屯蒙既未等卦可用也。故曰：「此中得意休求象，若究羣爻謾役情。」

或問註中紫賢之說。曰：「紫賢以坎離當子午，逐時變爻成卦，自坎變者，子時爲坎，丑時變初爻爲節，寅時變二爻爲屯，卯時變三爻爲既濟，辰時變四爻爲革，巳時變五爻爲豐，午時變六爻爲純離；自離而變者，未時變初爻爲旅，申時變二爻爲鼎，酉時變三爻爲未濟，戌時變四爻爲蒙，亥時變五爻爲渙，至子時復變六爻爲純坎。萬物生於寅終於戌，故屯蒙二卦稟造化之生成也，於義亦精。但以坎離作逐時變爻，則屯蒙禀造化之生成，誠是也。至論一日兩卦值事，則來日當用需訟矣，又以何卦作主？何卦禀生成耶？此便非通說也。」

得象忘言第三十七

卦中設象本儀形，得象忘言意自明；後世迷徒唯泥象，却行卦氣望飛昇。

道光曰　卦者，火之筌蹄。伯陽作參同契，演易象以明丹道，喻乾坤爲鼎器，坎離爲藥物，故以四卦居中宮，不係運轂之數。其六十卦，分在一月之中，搬運符火，始在屯蒙，終於既未，周而復始，如車之輪，運轉不已。一日兩卦直事，三十日六十卦也。并乾坤坎離四卦，共六十四，總三百八十四爻，以象一年及閏月餘三百八十四日，象金丹二八一斤之數。一斤計三百八十四銖。此皆比喻設想如此。苟明火候，則卦爻爲無用。學者反泥此而行卦氣，勞形苦思而望飛昇者，不亦悲乎？

子野曰　先師借易卦陰陽爲喻，不過行自己造化。若泥象執文，按圖索駿者，去道遠矣。

上陽子曰　丹道喻乾坤爲鼎器者，使知男女龍虎；喻坎離爲藥物者，則鉛汞是虎龍所產之物。世人執於易之辭，不明卦之用；苟明卦之用，不知易之道。欲明易之道，在身中不屬卦氣。

天地盈虛，自有消息，能盜其機，造化在手。

知機第三十八

天地盈虛自有時，審能消息始知機；由來庚甲申明令，殺盡三尸道可期。

道光曰　天地相去八萬四千里，冬至地中陽氣上升，一日之中升四百六十里二百四十步，五日爲一候，三候爲一氣，三氣爲一節，三節爲一時，即春分日，計九十日，陽氣共升到天四萬二千里，正到天地之中。此時陰中陽半，爲泰卦，其氣變寒爲温，萬物發生之時。自此而後，陽氣升入陽位，升到夏至，并前共計一百八十四日，共計到天八萬四千里。此時陽中之陽，爲乾卦，號純陽，變温爲熱，萬物茂盛盈滿之時，故曰「盈滿」。

陽極則陰生。自夏至後，陰氣自天而降，一日降四百六十里二百四十步，降至秋分，計九十日，陰氣共降四萬二千里，正在天地之中。此時陽中陰半，爲否卦，其氣變熱爲涼，萬物結實之時。自此而後，陰氣降入陰位，到冬至，并前計一百八十日，共降到地八萬四千里。此時陰中之陰，爲坤卦，乃純陰，變涼爲寒，萬物斂肅收藏之時，故曰「虛」也。

天地盈虛，因月而見。月從日生，初三日震庚生形，初八日兌丁生弦，十五日乾甲周滿，故曰「盈」；十六日巽辛受統，二十三日艮丙成弦，三十日坤乙消滅，故曰「虛」。聖人消息天地盈虛之機，移一年氣候在一月之中，以知一日一陽生爲冬至；兩日半當一月氣候，至上弦時，陰中陽半，即春分也；至十五日，得四月節氣，月圓滿爲純陽，陽氣盈輪，故曰盈；十六日一陰生爲夏至；至下弦時，陽中陰半，即秋分也；三十日得十月節氣，月盡黑爲純陰，陰氣消輪，故曰虛。終而復始，循環不已。聖人運動陰符陽火，一依天地盈虛升降，循環六十四卦，法庚甲圓缺之理，亦猶人君，申明號令，殺盡陰尸，道可期也。

子野曰 學者見之天地盈虛之消息道理，則而行之於己，趁其申明生庚滿甲之令，朔後望前，採取天地盈時之氣，歸於身中，鍊而成丹，則尸鬼烏得不滅？

上陽子曰 潮來則盈，潮去則虛，此天地之盈虛；月滿則盈，月缺則虛，此日月之盈虛；春生夏長秋斂冬肅，此四時之盈虛；氣旺則盈，氣散則虛，此人身之盈虛。長春真人云：「猶氣鞠之氣，氣實則壯，氣餒則虛，此氣之盈虛。最要人能消息用之。」學者下工之初，先去三尸六賊，鍊得心如太虛，六根淨盡，方可入室而鍊大丹。

潛虛曰 三註可玩。

或問三尸。曰：「三尸者，皆氣質之性之所化，分居三田，或好車馬，或好飲食，或好聲色，謂之三彭。鍊己者只能沉之伏之，欲殺盡，非得藥不可也。」

玄牝第三十九

造化之妙，玄牝爲基，真精返室，谷神不死。

要得谷神長不死，須憑玄牝立根基。真精既返黃金室，一顆靈光永不離。

長，陸西星本作「常」。

道光曰 陰陽不測之謂神，感而遂通，如谷應聲，故曰「谷神」。夫神因氣立，氣因精生，精能生氣，氣能生神，故神氣爲一身主宰，一身爲形氣之府。形不得神氣不得生，神氣不得形則不立，二物相須，始有生也。若學長生，根基全憑玄牝。玄牝即立，然後長生可致，萬物莫不因此而生，因此二物而死，實爲天地之根，五行之祖，陰陽之元，萬化之基。聖人憑此以成外丹，藉此以就内藥，故得真精返歸黃金之室，變爲一顆靈光，化身爲氣，化氣爲神，形神俱妙，與道合真，隱顯莫測。

子野曰 谷者，養也；玄牝者，陰陽也。人欲養神長生，必須陰陽既濟，而後則金精復歸我之中宮，如一顆明珠長存也。

上陽子曰 「谷神不死，是謂玄牝，玄牝之門，是爲天地根。」此爲老子之言，仙師再爲後人明之。立根基者，蓋玄牝乃人身出入之門户，金丹由此而修合。大修行人，先要洞明玄牝之旨，是陰陽媾精之處，方得一顆靈光之珠也。

潛虛曰　仙翁此篇本於老子。老子云：「谷神不死，是謂玄牝；玄牝之門，是謂天地根。」意謂人身之中，有至虛至靈常存而不死者。其玄牝之謂乎？蓋玄牝者，乃人身中體具未分之太極也，中有陰陽，故曰「玄牝」。神氣於此而歸根，日月於此而合璧，人能憑此以立根基，然後谷神可以不死。然是玄牝也，分而言之，則有門户，故曰「玄牝之門」。其在造化，是爲生人生物之根。蓋玄牝自是玄牝，而玄牝之門則鍾離公所謂「生我之門死我之户」，又世人所罕知者，故下二詩及之。

或問：「紫賢註『神因氣立，氣因精生；精能生氣，氣能生神。形不得神而氣不生，神不得氣而精不生，神氣不得形而不能立，三者相須』，其義安在？」曰：「夫人氣弱則神少，精亡則氣餒，是神因氣立而氣因精生也；積精之人則氣盛而耐寒暑，氣盛之人則神全無寢寐，是精生氣而氣生神也。然形不得神則無主，故氣不能運動而不生；神不得氣則如子之失母，自是放佚無拘，火焚水乾而精竭矣，故精不生；精氣神不得此軀殼則無所依附，故不得形而不能立。故曰『三者相須始有成』也。」

玄牝天根，非口非鼻，
互藏真精，異名同出。

玄牝之門第四十

玄牝之門世罕知，指將口鼻亂施爲；饒君吐納經千載，爭得金烏搦兎兒。

指將，陸西星本作「休將」；亂施爲，陸西星本作「妄施爲」。

道光曰　玄牝之門，是爲天地根。舉世學人莫能知此，非遇真師指示，孰能曉哉？自開闢以來，非此玄牝二物，安能有萬物哉？夫内外二丹從此而立，聖人秘之曰偃月爐、懸胎鼎也。

金烏，即金丹也。以此金丹，乃能制己之陰汞，似貓捕鼠，如鷹搦兎。

或曰「以兩腎中間混元一穴爲玄牝」，非也。蓋玄牝乃二物，若無此二物，何以造化萬物？豈可指凡體一穴而通論之。又以口鼻爲玄牝者，大可笑也。

子野曰　前章只說得「玄牝」二字，再於此章發明一「門」字，其理深妙。門者，出入往來之所，陰陽交會之地。不得心傳口授之真，何可强猜而知之乎？

上陽子曰　「玄牝之門」四字，自老子指出之後，後來真師仙聖得以下手而鍊大丹。愚人以口鼻爲玄牝，以吐納爲是道，如斯謬戾，何由得烏兎之交合哉！

潛虛曰　烏者日之精，兎者月之魄，是言魂魄相拘之意，紫賢註恐差。

異名同出第四十一

異名同出少人知，兩者玄玄是要機；保命全形明損益，紫金丹藥最靈奇。

道光曰　經云：「無名天地之始，有名萬物之母。」又云：「兩者同出而異名。」方其無，真一之氣不可見，故為天地之始；及其有，真一之珠現空玄，故為萬物之母。在天曰離為汞，在地曰坎為鉛，其本則一，其用則異，同謂之玄，玄之又玄。上士至人，執此兩者之玄機，以明損益，以治諸身，則形可全而命可保。所謂損者，五行順而常道有生有滅；所謂益者，五行逆而丹體常靈常存。吁！純陽紫金立乎天地之始，出為萬物之母，此非金丹之最靈乎？

子野曰　一氣分為陰陽，故有異名；然皆從太極而生，故曰「同」。此陰陽修鍊之要機，保我之命，全我之形，無損於彼，有益於我。神哉！水中之金乎！

上陽子曰　異名者，有無也，徼妙也，始與母也，玄與牝也。此者，陰陽交合之所，金丹化生之處。上根之士，必先悟此兩者，然後可鍊紫金丹也。

潛虛曰　承上章言，此玄牝之門，雖若異名，而實太極之所分。故陰陽既判，非此無以別其類；精炁互藏，非此無以通其感。實修命之要機也！明損益者，順則常道而有生有死，逆則丹道而常靈常存也。陸註謂「無損有益」，或言外之意。

無爲上德，有作爲基，立地清虛，空中樓閣。

有爲第四十二

始於有作無人見，及至無爲衆始知；但見無爲爲要妙，豈知有作是根基。

無人見，陸西星本作「人難見」。

道光曰 筌蹄方在手，莫我知也。夫到岸不須船，十目俄瞠視，凡聖雜市朝，魚龍混通衢，懊恨世間人，對面不相識。

子野曰 採藥行火得無爲乎？但知無爲，不知有作，何以結丹？

上陽子曰 到老無爲，如何得藥？入室採鉛，是云有作。大隱市朝，又誰知覺？欲成匡廓，先立鄞鄂。得一黍珠，云是不錯。九載坐忘，無爲功博；行滿三千，與衆共樂。若只無爲，不先有作，此乃愚夫，自相執著。慇懃數語，以詔後學。

陰陽之精，互藏其宅。

丹母聖胎第四十三

黑中有白爲丹母，雄裏藏雌是聖胎；太一在爐宜慎守，三田聚寶應三台。

藏，陸西星本作「懷」。

道光曰　鉛中取銀即爲丹母，朱裏出汞即是聖胎，二物感化，結在爐中，精明氣候，恪守規模，分毫無差，故得三性聚會，結成丹寶，上應三台也。

子野曰　黑中白，是水中之金，即坎中陽氣。人能採此真陽之氣，結而成胎，所謂「雄裏懷雌」。採用之際，當以太乙主人爲念。倘不慎守，人慾橫流，則喪吾珍，主人得不爲之異乎？

上陽子曰　黑中有白，乃陰中之陽，外丹法象；雄裏懷雌，乃陽中得陰，內丹法象。太乙在爐，尤宜慎守，則三田之寶聚矣。

潛虛曰　太乙者，東方木精，不能慎守，常有逃失之虞，欲結聖胎，須當慎守。

恍惚有物，杳冥有精，不見而見，見而不見，成就聖胎，有無相入。

有無相入第四十四

恍惚之中尋有象，杳冥之內覓真精；有無從此自相入，未見如何想得成？

道光曰　真一子云：「無者龍也，有者虎也；無者汞也，有者鉛也。」無因有激之而成象，有因無感之而有靈，故得黍米空玄，霞光耀日也。

子野曰　鍊金丹者，須於杳冥恍惚之內得其真精真象，始爲了事。若未得師傳，不可以智識猜度。

上陽子曰 經云：「恍兮惚，其中有物；惚兮恍，其中有象。杳兮冥，其中有精；其精甚真，其中有信。」金丹之道，斯言盡矣。仙師再題出，可謂甚親甚切，倘非言傳心授之真，何必枯坐存想。

潛虛曰 三註明白。

聖胎既就，卦火數周。**脱胎神化第四十五**

四象會時玄體就，五行全處紫金明；脱胎入口通身聖，無限龍神盡失驚。

通身聖，陸西星本作「身通聖」。

道光曰 四象五行會之時，真一之精結成黍米，紫色光明，密運於內。將來脱胎，入口通神，天地龍神，盡失驚也。

子野曰 十月數周，聖胎完具，遍身通聖，通於神明，得不驚也？

上陽子曰 一得永得，自然身輕。到此功滿丹靈，方是大丈夫也。

潛虛曰 「入口」二字，不必泥此，有邪宗妄引以爲口實者。

聖胎既脱，天仙慶會。

功成名遂第四十六

華池宴罷月澄輝，跨個金龍訪紫微；從此眾仙相見後，海潮陵谷任遷移。

道光曰 華池宴罷，得丹成功，脱胎神化，肌膚若冰雪，綽約若列子御氣乘雲，遨遊八極，飽觀塵世海變桑田也。

子野曰 華池乃産藥之地。宴罷則採藥已足，聖胎完備，身外有身，朝元謁帝，蓬萊仙島，無所往而不可。

上陽子曰 華池即曲江，即坎宮之户，金丹由是而成。功圓到此，天仙之位也。此章亦紫陽仙師自頌以詔後世。蓋仙師乃紫微天宮之一星也。

金液之丹，種自家園，真種奚自，乞諸西鄰。

家園下種第四十七

要知金液還丹法，須向家園下種栽；不假吹噓并著力，自然果熟脱真胎。

果熟，陸西星本作「丹熟」。

道光曰 此道甚近，家園自有，宜急下工。若非其類，愈遠；若得同類，又何著力之有？

子野曰　藥採他家，而歸自己家園下栽培，以至成熟。自然之妙，非用人力也。

上陽子曰　還丹之法，蓋家園自有金花種子，自可栽培，不須爐炭吹噓，功成果熟脱胎。方外道人，圓頂禪衲，要知家園之妙在朝市間，維摩、傅大士輩，皆得此園而下種，故如來號之曰給孤獨園也。

休施巧僞第四十八、雪山醍醐第四十九

西鄰之種，不死之方。雪山醍醐，返魂之漿。轉之轆轤，濯我崑崙。陰陽相見，交媾自然。

休施巧僞爲功力，認取他家不死方。壺内旋添留命酒，鼎中收取返魂漿。

留命酒，陸西星本作「延命酒」。

道光曰　修真之士，多執非類巧僞之法，施功於己，安有成就？若悟他家有不死之藥，腹内添返命之火，是爲真寶也。

子野曰　此道乃真陽逆合盜其殺機中之生氣耳，即非三峯採戰其他巧僞淫蕩之術。酒與漿，皆神水。

上陽子曰　前云「家園下種」，此云「他家不死」，豈非兩物乎？延命酒、返魂漿二者，即真精真氣。經云「仙人道士非有神，積精累氣以爲真」是也。

潛虛曰　「酒」「漿」，薛陳言是。

雪山一味好醍醐，傾入東陽造化爐；若過崑崙西北去，張騫方得見麻姑。

道光曰　雪山喻白色，西山金之象，比金丹一粒，味若醍醐，餌歸丹田造化爐中。崑崙在海水中，我身之崑崙，本在下元海水中生出，狀若崑崙，實發火之處。崑崙頂有門，曰玄門，又云天門，在西北乾位。張騫，象乾卦，爻象真汞，爲陰火；麻姑，象坤卦，又象真鉛，爲陽火。言發火自崑崙玄門而入，則鼎內真鉛始見而有變化。方其真胎內融，真火外接，坤策變乾策，陰水返陽符，兩火交通，鉛汞結合。神仙之道，根本於斯。張騫乘槎，至月宮遇女宿，喻其陰陽相會遇之意。

子野曰　醍醐乃坎中金液，取歸離中，離即我也。然後運之，由尾閭經泥丸，自腹中至丹田，與身中陰汞混合爲一矣。

上陽子曰　雪山乃至陰之地，陰中有陽，故曰「好醍醐」。灌頂者，此也。傾入者，他反居上也。我居東，故云「東陽」。我之玄門，曰「造化爐」。崑崙、張騫，道光已解。

方得，陸西星本作「始得」。

昔佛在雪山修行者，即此是也。古人因有其地而名之，故多假名以象物爾。

潛虛曰　傾入東陽，則過崑崙矣。更自崑崙西北而去，循河車而行，上泥丸，下重樓，始與陰汞相見，如張騫之乘槎而見麻姑也。崑崙頂，準紫賢，作爲玄門。或人有作泥丸者，河車搬運上崑崙是也。主言不同，殆不必泥也。

正誤第五十、知常返本第五十一

聖人知常，復命歸根，委時去害，千秋長存。
陰道九一，閉氣房中，不識親疎，妄作招凶。
恩哉聖師，訣破陽精，開張大道，閼絕邪門。

不識陽精及主賓，知他那個是疎親？房中空閉尾閭穴，誤殺閻浮多少人？

道光曰　鍾離公云：「四大一身皆屬陰，不知何物是陽精？」蓋真一之精，乃至陽之氣，號曰「陽丹」，而自外來，制己陰汞，故爲主也。二物相戀，結成金砂，自然不走，遂成還丹。迷徒不達此理，却行房中御女之術，强閉尾閭，名爲鍊陰，以此延年，實抱薪救火耳。陰符經曰：「火生於木，禍發必尅。」可不愼乎？

子野曰　陽精實坎中之金，雖從外來，本一身內之物，唯有同出異名之一間耳。

上陽子曰　陽精雖是房中得之，而非御女之術，若行此術，是邪道也，豈能久長？故佛云：「是人行邪道，不能見如來。」倘非真師指示陽精之路，則諸傍門皆爲邪道。世之盲師，以採陰三峯御女之恠術轉相授受，所謂以盲引盲，及臘月三十夜到來，反怨丹經虛誑，終不回思自己錯謬，故仙翁直露此詩。

潛虛曰　賓主親疎，皆自「內」「外」二字分來。識得陽精，則知外者非疎；能知邪正，則房中之術又非親矣。

萬物芸芸各返根，返根復命即長存；知常返本人難會，妄作招凶衆所聞。

長存，陸西星本作「常存」；衆所聞，陸西星本作「往往聞」。

道光曰　經云：「萬物芸芸，各歸其根，歸根曰靜，靜曰復命，復命曰常，知常曰明。」夫人未生之前，冥然無知，混乎至朴。及其生也，禀以陰陽之父母。聖人逆而修之，奪先天之氣以爲丹母，賊陰陽始氣以爲化基，鍊形返入於無形，鍊氣復歸於至朴。能知常道而返其知者，聖人也，是以長生；不知常道而妄作者，羣迷也，是以招凶。

子野曰　萬物如草木之類，猶能歸根返本以歷歲月，人爲萬物之靈動，至死地反不能如草木也。此道乃歸根返本之道，却非尋常，妄爲而凶也。

上陽子曰　萬物有歸根之時，至人明長生之理。草木遇陰之極則歸其根，待春而復茂。世人氣血將衰，須求歸根之道，可以回老，可以返嬰，可以長生。噫！歸根即還丹也。

常者，乃常俗之世法。備諸常俗世法，深深密密，方能返本還元，是爲知常。所以大隱市廛者，要人不能識也。倘機事不密而爲之，妄作而招凶謗。故達磨遠來東土求成佛者，欲避凶而遠謗也；六祖禪師隱於四會獵人中者，亦避凶而求成佛。後道光禪師既得石真人傳，無奈之何，只得復俗依有力以了玆事。我重陽帝君居活死人墓以成道，太虛真人往武夷七月，長生真君往洛陽三年。古人波波吒吒，只爲此事。今時學者，偶記前賢一言兩語，以爲是道，終日談論。又有一輩小愚之人，不參仙聖所爲，乃謗修行之事，曰「世有生必有死，安有久視之道」。此乃地獄種子，甘分輪迴。次有執著之輩，因人略指傍門小徑，便云能行。既不遇真仙至人，又不知歸根復命，又不知出世間法，亦不知同類是何物。倘或知之，且能韜晦於常俗中了其有爲之大事，却無忘諱而妄爲者，豈不招乎凶殃？故經云「知常曰明，不知常，妄作凶。知常容，容乃公」是也。

潛虛曰　窮取生身受氣初，是返根也。三註可玩。

寶劍從心，煅鍊純熟。掬西江水，磨崑崙石。凱旋獻馘，韞言藏之。佳兵不祥，不得已而用之。

鑄劍第五十二

歐冶親傳鑄劍方，莫邪金水配柔剛；鍊成便會知人意，萬里追凶一電光。

便會，陸西星本作「偏會」；追凶，陸西星本作「誅妖」。

道光曰 歐冶鑄劍，天帝遣神女爲之侍爐，制以金水，配以柔剛，劍成誅妖，如一電光，靈異若此。聖人鑄劍，功亦如之，以天地爲爐冶，以陰陽爲水火，配以五行，制以神氣，鍊成寶劍，能曲能伸，能柔能剛，能善能惡，能圓能方，心有所思，意有所適，飛揚誅斬，一電光耳。此乃神劍，修丹若無此劍，猶取魚兎而乏筌蹄也。

子野曰 鍊丹採藥，全憑慧劍降魔誅妖。倏忽變化，瞬息萬里，慧劍若無鋒利，妖魔豈不爲害乎？

上陽子曰 要鑄此劍，非用凡金凡鐵。蓋此神劍，内斬三尸，外誅凶惡。愚者以此劍殺其身，聖人以此劍飛其神。旌陽使五仙童女戲劍，誅斬妖蛟；洞賓以三清寶劍，精靈滅迹。在佛亦云「金剛寶劍」，實成仙佛之器耳。

潛虛曰 劍有干將、莫邪，「莫邪金水」乃喻雌劍，故云「配柔剛」。一電光，以顯掣電之機。此詩當於象外得之，三註皆支。

虛則應物，和乃物從，招鳳喚龜，妙存感應。此規此規，中心藏之。

此規第五十三

敲竹喚龜吞玉芝，鼓琴招鳳飲刀圭；近來透體金光現，不與常人話此規。

常人，陸西星本作「凡人」。

道光曰　竹乃虛心之物，無情之義也；琴乃樂之正音，和諧之義也。龜即黑虎，鳳即赤龍。龍之弦氣曰「玉芝」，虎之弦氣曰「刀圭」。言龍虎是無情之物，而能交媾，故曰「敲」，猶兩物相敲擊之意；龍虎相交爲夫婦，是以和諧，故曰「鼓琴」。龍虎交則二弦之氣相吞相啖，鍊就還丹，透體金光，玄黃燦爛，風生兩腋出人間。

子野曰　玉芝、刀圭，藥之異名。藥生坎中，坎有乾陽。乾爲金爲玉，故喻爲玉芝、刀圭。

敲竹、鼓琴，乃陰陽相求之和聲。竹則虛心，應而無欲；琴則正音，和而不亂。此聲之感，非尋常邪僻情僞鄭衛之音。

喚龜、招鳳，所謂本乎天者親上，本乎地者親下。入藥鏡謂之「上鵲橋，下鵲橋」之義。又離爲禽，爲南方朱鳳，喻坎招離，翕受其藥。離即我也。

上陽子曰　竹是中通外直之物，爲其不直則敲之，要其能應於物；琴乃徽弦相合之意，爲其不和則調之，庶能克濟所事。玉芝即乾龍，刀圭爲坤物，喚龜屬我，招鳳要他。若非大和，則他安能招鳳乎？修行之人，卦氣已過，竹不應物，可不擊乎？擊即敲也。琴若不和，可不調乎？調即鼓也。是以七十、八十至百二十歲，皆可還丹，是此道也。中人常士烏可語此？邪師妄人烏能知此？此非真仙聖師盟天口授，孰得而知之乎？

昔我紫瓊公常侍太虛真人，偶一辯士求見曰「敲竹喚龜吞玉芝」，問我師如何是喚龜。太虛曰：「喚龜我當語汝，我且問你如何是敲竹？」辯士曰：「上上關捩。」太虛曰：「我不問上上關捩，且說如何是敲竹。」辯士曰：「密密深機。」太虛曰：「你這言句是長連床上學來底，你將去與天下人論辯去，我這裏不是你喚龜處。」其人不悟，令紫瓊拖出。後却問紫瓊曰：「汝知敲竹否？」曰：「寂然不動，感而遂通。」曰：「汝知喚龜否？」曰：「禮下於人，必有所得。」曰：「適來辯士何以不言？」紫瓊曰：「彼未得師，强猜不得。」太虛復誡曰：「知之非難，行之唯難。」

潛虛曰 龜乃北方之物，以喻坎；鳳乃南方鳥，以喻離。紫賢以玉芝爲龍之弦氣，刀圭爲虎之弦氣。子野謂：「竹則心虛，應而無欲；琴則音正，和而不亂。」皆可從。

藥逢同類，道合自然，我命由我，不由乎天。

丹藥通靈第五十四

藥逢氣類方成象，道在希夷合自然；一粒靈丹吞入腹，始知我命不由天。

道光曰 有物混成，先天地生，聖人强名之曰混元真一之氣。視之不見，感而遂通，降成靈丹，象空玄之中一粒寶珠，取而餌之，立乾己汞，化爲純陽之軀，與天齊年。朝元子曰：「死生盡道由天地，性命元來屬汞鉛。」豈非我命在我所爲乎？

子野曰 道自是道，清淨爲要；藥自是藥，得類乃成；若求非類，徒勞心力。

上陽子曰 易云：「西南得朋，乃與類行。」若二陽同類，則成亢旱，豈有性情相感？二陰同室則必爭，安得陰陽相類哉？蓋陰從陽方爲類，鉛投汞方成藥。藥化爲丹，丹化爲神，形神俱妙，命在我也。

潛虛曰 子野註是。或問：「何以道自是道，藥自是藥？」曰：「藥者，如人有病而求藥，製之有方，採之有時，以有爲爲用者也；道者，如人病已而調攝，優柔和中，恬澹寂寞，以無爲爲宗者也。形以道全，命以術延，知此則知性命分宗，而雙修之理得矣。」

聖胎凝結，片餉之功，
三年九載，徒勞汗漫。

金丹一日成第五十五

赫赫金丹一日成，古仙垂語實堪聽；若言九載三年者，盡是推延欵日程。

道光曰　金丹大藥，下工不逾半個時，立得服餌。此言一日者，只於一日之中取此半個時也。金丹入口，立躋聖地，如此之妙，奚可以九載三年而遷延？

子野曰　作丹之法，大要鉛與汞合，則片餉之間，丹頭即結。但究鉛生之時，斯時也，萬物萌芽，有氣無質，水源至清，妙矣哉！且道這時是甚麼時。咦！今年初盡處，明日未來時。

上陽子曰　鍊丹之法，要知他家活子時也。非天下之至妙，孰能與於此哉！

潛虛曰　「片餉功夫修便見，老成須用過三年；九年火候都经過，忽爾天門頂中破。」古仙亦有三年九載之說，不必以遷延致疑。

魔障在彼，修持在我，
陰德既宏，靈丹可冀。

德行第五十六

大藥修之有易難，也知由我亦由天；若非積行修陰德，動有羣魔作障緣。

道光曰　魔障在彼，修持在我，陰德既宏，靈丹可冀。

子野曰 金丹大道，古人以萬劫一傳，非等閒之細事。道既高，魔必盛，非以陰德相扶，恐有剉志之患。

上陽子曰 前云「我命不由天」，是造化之妙在乎我；此章言「由我亦由天」，蓋還丹先須積陰德。夫施與不求報，陰德也；積善無人知，陰德也；不陷人於險，陰德也；暗中作方便，陰德也。大修行人，自己積德未充，鮮不爲外魔所攻，若能回思內省，發大忍辱精進，則魔障化爲陰德。經云：「彼以禍來，我以福往；彼以怨來，我以德報。」皆陰德之盛，祛魔之功也。

潛虛曰 陰德是人所不知者，上陽論是，錄之：「施予不求報，陰德也；積善無人知，陰德也；不迫人於險，陰德也；暗中作方便，陰德也。經云：『彼以禍來，我以福往；彼以怨來，我以德往。』」郝太古仙師云：「陽德伏人，陰德伏魔。」

盜機第五十七

及時盜機，萬化既安，息慮灰心，以證無爲。

三才相盜及其時，道德神仙隱此機；萬化既安諸慮息，百骸俱理證無爲。

道光曰 天地以四時盜萬物，故有榮枯而不能長榮；萬物以五味盜人，故有生死而不能長生；人以五行盜萬物，故有存毀而不能長存。三盜即宜，三才既安，是以有生有死、有榮有枯、有存有毀、有物有我，紛紛而起，循環無端。此乃自然之道。若能混此三盜爲一，返其機而動之，逆其時而食之，則百骸俱理，而萬化自安，諸慮自息，是無爲之道證矣。

子野曰　盜者，使人不知不覺而竊其所謂之事。修鍊之法，竊天地之機，盜殺中之生氣爾。得其理，則百骸安。

上陽子曰　盜者，非世俗之所謂盜也，是金丹之法，盜其先天先地一點真陽之始氣，以鍊還丹。此乃道高德重，神仙中人，方能隱用此機，而非譏道殄行庸常之人所可知之。偶或知之，非疑則惑。何哉？無德故也。此云「道德神仙隱此機」。

潛虛曰　詩意本陰符「三盜既宜，三才既安；食其時，百骸理；動其機，萬化安。」機謂生機，時即生機將動之時，天地以此盜物，物以此盜人，人以此盜丹。及夫息慮無爲，則大事到手矣。

真詮第五十八、莫强猜第五十九

真詮口訣，隱之靈文，不遇真師，徒饒聰慧。

陰符寶字逾三百，道德靈文滿五千；今古上仙無限數，盡於此處達真詮。

道光曰　二經爲羣經之樞轄，諸子之機紐也。

上陽子曰　陰符、道德，丹之祖書，上仙皆奉之爲筌蹄，修之成道。然其旨意玄遠，世薄人澆不能達此，故仙師作此悟真篇，使後學者一見了然，易於領悟而行之爾。是知陰符、道德、悟真篇三書，同一事也。

潛虛曰　陰符、道德所言，皆盜機逆用之事。至於治國用兵與取天下，「爰有奇器，是生萬物，八卦甲子，神機鬼藏」，皆有深旨。世人不知，妄爲箋解，至指陰符爲兵機，用老子以治國，失之遠矣。獨有仙翁貫徹其旨，以爲古今上仙入聖之真詮，詩中歌詠多祖其語，學者果能熟讀而詳味之，則二書之妙義自明，而所謂金丹口訣，亦不外是矣。

饒君聰慧過顏閔，不遇真師莫强猜；只爲金丹無口訣，教君何處結靈胎？

道光曰　千經萬論，唯布枝條；至道不繁，獨傳心印；未遇真師，强猜不得。

子野曰　非師口訣真要，則從何處而下手？

上陽子曰　九流百家，一應藝術，皆可留之紙上，或可以智慧猜曉而知。唯獨金丹一事，非得真師逐節指示，不可强以意會。或者得師略言鼎器，而不知藥生之時，亦不成丹；既知藥物，而不知火候，亦不成丹；既知火候，而不知顛倒，亦不成丹；既知顛倒，而不知鍊己細微，亦不成丹；既知鍊己，而不知法財兩用，亦不成丹。崔公入藥鏡云：「差毫髮，不成丹。」噫！世之愚人，恃其機鋒，欲以言語會；恃其聰慧，欲以心領會；或因邪僻而行採戰，或只枯坐自爲。仙師慈悲甚至，詩句迫切，沾丐後來者多矣。

潛虛曰 金丹之道，萬劫一傳，特以天機閟密，聖師往往不敢成段抉破，其有述作，大率隱之微言，混之亂辭，孔竅多門，名號不一，直是不可以意見猜度。猜之身中，則頑空枯坐，乃有磨磚作鏡之譏；猜之身外，則閉氣房中，適犯抱玉赴火之戒；用兵用將，則疑於採戰而言三峯之術者，已斥其非；入口入腹，則疑於服食而用金石之劑者，已罹其禍。至於用閨丹，則質穢可疑；指爐火，則耗財可憫。兼之盲師誘引，墮坑落塹而不知；邪見執迷，捕風捉影而何用？誠哉！慧如顏閔，未有無真師而自悟者也。所以云：「性由自悟，命假師傳。」

然真師難遇，必須具大智慧眼者，方能別之。所以得遇，其故有三：一曰因緣將至，二曰精誠感通，三曰智慧具足。智慧足於精誠，因緣生於智慧。管子曰：「思之思之，又重思之，思之未通，神明通之。」非神明之通也，精誠之極也。契曰：「千周燦彬彬兮，萬遍將可覩；神明或告人兮，心靈忽自悟。」有此徵驗，始信因緣遭際之不偶也。

至若純陽識師於長安，杏林拜師於轀鎖，此皆具大慧眼者，方能得之。否則如退之遇韓湘於藍關，元晦遇玉蟾於武夷，彼二賢者豈無智慧？特以自是自見不肯虛心，所以遇而不遇，終於皓首無聞而已。學者誠不可以真師之難遇而自生懈退，又不可自謂吾見之已到而遂忘虛受也。

了心得藥，得藥忘心。**息機第六十、知止第六十一**

了了心猿方寸機，三千功行與天齊；自然有鼎烹龍虎，何必擔家戀子妻。

道光曰　此言甚切，何故不知返也？

上陽子曰　天地之功，春生夏長，秋收冬閉，萬物榮枯，星宿遷斡，造化運轉，只三百六十日爲一始終之成功也。修行之人，制御心猿，滌洗方寸，收寶珠於愛河之內，只半個時，守還丹於神室之中，幾三千日，功備造化，德伏鬼神，豈非功行與天齊乎？

未鍊還丹須急鍊，鍊了還須知止足；若也持盈未已心，不免一朝遭殆辱。

道光曰　若未鍊丹，急須下手，時不待人；既鍊丹畢，抱一守成，面壁九年，斯道弘矣。

上陽子曰　未鍊還丹，急須鍊之；若已鍊丹，急須去之。佛云「道成之後，丹房器皿委之而去，若不去之，則心境見前，恐有殆辱之患」，紫清白真人云「半夜忽風雷」，此其證也。是以達磨去長蘆而入少林冷坐者，無一朝之患也。

害裏生恩第六十二、災能變福第六十三

生門死户，禍福倚伏。逆轉殺機，大地七寶。

須將死户爲生户，莫執生門號死門；若會殺機明反覆，始知害裏却生恩。

道光曰　陰陽五行，順之則生，逆之則死，此常道也；不生之生則長生，不順之順爲至順，此丹道也。若能明此，則害裏生恩，男兒有孕也。

上陽子曰　詩云：「明門户，急重修。」今人若達此理，明生死之機，識顛倒之用，知返還之妙，轉生殺之户，以苦爲樂，以忍收恩，何憂不仙乎？

潛虛曰　恩害，意本陰符。

禍福由來互倚伏，還如影響相隨逐；若能轉此生殺機，反掌之間災變福。

若能，陸西星本作「若還」。

道光曰　陽主生曰「福」，陰主殺曰「禍」。陰消則陽長，陽極則陰生，互相倚伏，此常道也。若以生殺之機逆而修之，反掌之間，災中變福，害裏生恩，男而有孕，爲丹道也。

子野曰　所謂五行順行，法界火坑；五行顛倒，大地七寶。

上陽子曰　造化在吾掌握，禍福由我而修，順則生人，逆則生丹。世人爲不知轉生殺之機，是以輪迴而無了期，又烏知成佛作仙之道止一反掌間耳！

潛虛曰　禍福倚伏，意本老子。

和光第六十四

大修行人，和光同塵，韜鋒挫銳，遠害全身。大隱市廛，被褐懷玉，即方即圓，行藏罔測。

修行混俗且和光，圓即圓兮方即方。顯晦逆從人莫測，教人爭得見行藏？

道光曰　老子云：「和其光，同其塵。」和同天人之際，實修行之秘要。

子野曰　外圓內方，是有爲也。道之所謂，奚可令人見之乎？

上陽子曰　仙師廣大慈悲，特以金丹之秘開悟後人，并以世間法終始叮嚀，何其切也。夫大丹之最難者，混俗也；要深不可識者，和光也；雖有妙用而不露鋒芒者，方圓應世；潛造化而不顯至此者，孰知行藏。凡此數者，實爲大修行之上事。

道光得杏林之語，即棄僧伽黎復俗以了大事，豈非混俗乎？六祖得五祖之言，入於獵人之中，無人知覺，豈非混俗乎？我太虛真人得黃房公妙旨，去隱武夷七個月方成道，豈非和光乎？今者黃緇之流，圓其頂而衲其衣，髽其髻而方其袍，此豈知「吾有大患爲吾有身」之聖訓乎？又安知此身相反爲入室之大患乎？所以大隱市廛者，使人不可得而測度；修出世間法者，要人不可得而知行藏。故老子曰：「迎之不見其首，隨之不見其後。」又曰：「惟不可識，故强爲之容。」明達到此，回視愚夫俗子欲以機鋒巧詐剽識淫蕩而求道者，遠之又遠矣。大修行人，工夫至此，可不三復是詩以求成道勳業乎？

悟真篇四註卷之三

五言一首 以象太一含真氣之妙。

先天一氣，來自虛無，其中有信，得之一符。謹用隄防，閉諸玉壺，真人撫運，佐我寰區。

太乙含真五言律詩一首

女子著青衣，郎君披素練；見之不可用，用之不可見。恍惚裏相逢，杳冥中有變；一霎火焰飛，真人自出現。

道光曰 女子乃龍之弦氣，號曰「木姬」，生於青龍，故云「著青衣」也；郎君乃虎之弦氣，號曰「金郎」，生於白虎，故云「披素練」也。有質可見者，乃後天生滓質之類，故不可用。唯混元真一之氣，生於天地之先，居於恍惚之中，出於杳冥之內，絪緼磅礴，通靈變化，無中生有也。火功一止，真人出現。此道妙矣，非遇真師親授口訣，其孰能與於此哉？

子野曰 女子著青衣，木汞也；郎君披素練，水金也。陰陽相合，彼此以形質未露之氣交於杳冥恍惚中，庶乎可用。倘形質既兆，則爲後天，不可用矣。

上陽子曰　此詩八句，括盡一部丹經之妙用。首句是震家事，爲木汞，屬我；二句是兌家事，謂鉛，屬他；三句則生人物矣；四句乃以鍊丹；五句爲入室下工；六句乃防危杜險；七句即丹成九轉；八句謂行滿三千。仙師布流此詩者，唯欲指出先天混元真一之氣即太一所含之初氣，學者可不求師乎？

潛虛曰　末二句言一時得藥之意。陳註以爲「丹成九轉」「行滿三千」，差遠。

西江月十二首

以象十二月。仙師曰：「西者金之方，江者水之體，月者丹之用。」

内外藥火第一

内藥還同外藥，内通外亦須通；丹頭和合類相同，溫養兩般作用。内有天然真火，爐中赫赫長紅；外爐增減要勤功，妙絕無過真種。妙絕，陸西星本作「絕妙」。

道光曰　夷門破迷歌云：「道在内來，安爐立鼎却在外；道在外來，坎離鉛汞却在内。」此明内外二藥也。

外藥者，金丹是也，造化在二八爐中，不出半個時，立得成熟；内藥者，金液還丹是也，造化在自己身中，須待十個月足，方能脱胎成聖。二藥作用，雖略相同，用功火候，實相遠矣。吾儕下工，外丹和合丹頭之際，分毫差忒，大藥不就；內藥和合丹頭之際，最慎防危慮險。

內藥雖有天然真火，在土釜之中赫然長紅，亦須外爐勤功加減。然內外真火變化無窮者，實藉真鉛之妙，此物偏能擒汞不使飛走。近葉文叔不達此理，却言內藥以真火烹鍊，外藥須假凡火增減。呵呵！蓋未得師指，以管見窺天。殊不知二藥內外雖異，其用實一道也。所以有內外者，人之一身稟天地秀氣而有生，託陰陽鑄成於幻相，故一形之中以精氣神爲主。神生於氣，氣生於精，精生於神。修丹之士若執此身內而修，無過鍊精氣神三物而已。然此三者，皆後天地所生，純陰無陽，以此修持，安能出乎天地之外耶？

鍾離翁云：「涕唾精津氣血液，七般物色總皆陰。」又曰：「獨修一物是孤陰。」聖人知己之真精，後天地生而屬陰，難擒易失，是以採先天之一氣，以真陰真陽二八同類之物，擒在一時，鍊成一粒，名曰至陽之丹，號曰真鉛。此造化却在外，故曰外藥也。却以此陽丹擒自己陰汞，猶貓捕鼠耳。陽丹是天地之母氣，己汞乃天地之子氣，以母氣伏子氣，豈非同類乎？其造化在內，故曰內藥。便假陰陽符火，運用抽添，十月功足，形化爲氣，氣化爲神，神與道合，升入無形，變化不測，故能出乎天地之外，立乎造化之表，提挈天地而陶鑄陰陽，却不爲陰陽陶鑄者，是先天一氣使之然也。真妙如此之絕，故謂「妙絕無過真種」。安可用後天地生凡鉛凡汞凡砂凡火非類滓質之物而爲外藥耶！學道之士，研窮本始，精究邪正，毋惑誑邪詐裝高道以誤後來。有如此者，永墮三塗。

子野曰　內丹之道，與外藥爐火之事頗同，大概汞非鉛則不能伏。知外事者，內亦易知。

上陽子曰　修行之人，先須洞曉內外兩個陰陽作用之真，則入室下工成功易矣。內藥是一己自有，外藥則一身所出；內藥不離自己身中，外藥不離色相之中；內藥只了性，外藥兼了命；內藥是精，外藥是氣。精氣不離，故云「真種」；性命雙修，方證天仙。

潛虛曰　此註惟子野得之，薛陳二家雖是，終與此詞意不貼。蓋人元外藥，得之一符，不待增減火候。末句方明白指出，爐火造化終不若人元真種也。

大藥非遥第二

此道至神至聖，憂君分薄難消。調和鉛汞不終朝，早覩玄珠形兆。志士若能修鍊，何妨在市居朝。工夫容易藥非遥，說破人須失笑。早覩，陸西星本作「早有」。

道光曰　金丹入口，立躋聖地，豈非至神至聖乎？煅鍊只半個時，豈非至簡至易乎？家家自有，不拘市朝，豈非至近乎？以其至近，是故說破令人失笑也。得之者只恐無功無德，忘師背道，不足以勝其妙。

子野曰　金丹之事，爲其至靈，故稱神聖。其所以爲靈者，如立竿見影、呼谷傳聲之謂，非其他虛幻渺茫之術。是此金丹，唯鉛與汞，鉛從他出，汞向己生，纔辨肯心，玄珠有象，工夫容易，何必名山大澤以煅鍊哉！

上陽子曰　還丹之道，功在降龍伏虎，盜奪天地造化，是爲神妙哉；寂然不動，感而遂通，是爲靈聖。聞而信受勤行者，大根上器也；聞而失笑誹謗者，無分薄福也。鉛汞交而玄珠兆，是名金丹。此丹朝市家居，日用夜作，本自具足，無所拘執。彼世之愚人，乃謂修行者必居深山，必遠市朝，必出妻棄子，必孤坐無爲，方爲修道。彼豈知真陰真陽之用哉？

白虎首經第三

白虎首經至寶，華池神水真金；故知上善利源深，不比尋常藥品。若要修成九轉，先須鍊己持心；依時採取定浮沉，進火須防危甚。

道光曰　首者，初也。首經即白虎初弦之氣，却非採戰閨丹之術。若說三峯二十四採陰之法，是即謗毀大道，九祖永沉下鬼，自身現世惡報者，道不可毀，猶天之不可階而昇也。

且夫真一之氣，在天曰真一之水，在虎曰初弦之氣，若鍊在華池，名曰神水，此乃真金之至寶，皆不離真一之精，流歷諸處，故曰種種之異名，以其能成就造化。

經曰：「上善若水。」蓋真一之水生於天地之先，故曰「上善」。源流甚深，却不比尋常後天地生滓質之物。

九轉爲九年，在十月胎圓之後作用，即達磨面壁九年之功。若欲修九轉之妙者，先須鍊己以定浮沉，以分賓主，依時採取，守雌不雄，方免危殆。運火十月，自然形化爲氣，氣化爲神，抱元守一，九載功成，形神俱妙，與道合真，聖人强名曰九轉金液大還丹也。

子野曰　男子二八而真精通，女子二七而天癸降。當其初降之時，是首經耶？不是首經耶？咦！路逢俠士須呈劍，琴遇知音始可彈。

神水，即首經也。老子曰：「上善若水，善利萬物。」真人以首經神水爲喻，言其利生之功，非其他圓散之外藥。

九轉，乃火數周足，丹熟之時。欲得九轉丹成，持心鍊己爲要。

上陽子曰　白虎爲難制之物，倘用之而得其道，可無傷人之理；首經爲難得之物，倘求之不失其時，必有天仙之分。只此白虎首經，强名先天一氣。仙師太忒漏盡，薛陸註之太詳。世之愚人，若指爲採戰之說，或謂閨丹之術者，則禍及於身。學者若知三日月出庚之旨，方許求華池神水之用。

還丹之道，修之則易，鍊己最難。故仙師戒人先鍊己，即純陽云「還丹，在人先須鍊己待時」。何也？蓋火爲最靈之物，人所不能測度者，火却先知，猶燈芯焉。凡火尚靈，況真火乎？真火即己汞，必先鍊此真火，降此真龍，使無奔走，從我驅用，然後可以制伏白虎而得至寶之真金。聖師用心至此，唯恐後人不能鍊己，則時至臨爐，頃刻之工不得一粒至寶，反至危困。修行之人，先當究竟鍊己之功也。

潛虛曰　三註明切。

二氣相資第四

牛女情緣道合，龜蛇類稟天然；　蟾烏遇朔合嬋娟，二氣相資運轉。　本是乾坤妙用，誰能達此淵源；　陰陽否隔却成愆，怎得天長地遠？ 本首在陸西星本爲第十二首。

道光曰　牛郎、織女一歲一交，太陽太陰一月一合，龜蛇以類蟠虬相扶，皆陰陽二氣使之然也，實爲大道之根本。金丹大藥，作用一般。蓋真一之氣杳然無形，若不得二八陰陽之氣相交，焉降格兆形於黍米哉？　既得丹餌之後，不得陰陽符火絪縕，焉能變化金液還丹哉？

參同契云：「關關雎鳩，在河之洲；　窈窕淑女，君子好逑。雄不獨處，雌不獨居。」玄哉！　玄武龜蛇蟠虬相扶，以明牝牡竟當相須，理之所在，夫復何疑？　仙翁於此章再三致意，深於道者，以意會之。

子野曰　牛女，天之二星，每遇七夕，假鵲橋會合；　龜蛇，地下之物，亦能交媾；　日月遇朔合璧。是皆一陰一陽相求之道。作丹之妙，若以孤陰寡陽而無配，得不求乎？

上陽子曰　牛女爲星宿，蟾烏爲日月，龜蛇甲類，亦必陰陽二氣，而後資之運轉。今人乃孤陰寡陽，深山兀坐，以爲修道，而欲長生，何其大謬？豈知陰陽否隔則不成造化，而況修金丹之道乎？

潛虛曰　三註明切。

二物相親第五

若要真鉛留汞，親中不離家臣；木金間隔會無因，須仗媒人勾引。木性愛金順義，金情戀木慈仁；相吞相啖却相親，始覺男兒有孕。 有孕，陸西星本作「懷孕」。道藏本此首至第十二首，在陸西星本爲第四首至第十一首。

道光曰　鉛爲金在外，汞爲木在內，二物間隔，須仗黃婆制造成丹，吞入腹中，與己汞合。而其金情正剛烈，木性柔順慈悲，情性自愛自戀，相吞相啖，結爲夫婦，以產嬰兒在我腹中，故云「有孕」。此道妙矣，倘非慈悲利物濟人陰德之士，則萬生難遇也。

子野曰　汞出自家，非鉛不伏；鉛生坤宫，所以間隔。欲其鉛汞相會，非媒不可。媒者，合陰陽之用。物之生乎一氣者最親，雖彼此間隔，而互相慕戀，不可廢棄。

所以木之性不得不愛金，金之情不得不戀木。何哉？爲其同出乎一氣故也。非洞曉陰陽，深達造化，其孰能與於此哉！

上陽子曰　真鉛在造化窟中而生，真鉛居造化身中而住。不能持心鍊己，則汞走；不能依時臨爐，則鉛飛。家臣者，即己汞，若鍊之熟，則能隨我之意而役用之。媒木雖愛金順義，非財則不得其歡心；金雖戀木而多情，非媒則不能以自達。媒既通好，財已結歡，自相吞啖，而男子懷胎也。若不懷之以德，惠人以仁，則臨事焉能隨我之用哉？

三性會合第六

二八誰家姹女，九三何處郎君，自稱木液與金精，遇土却成三姓。更假丁公煅鍊，夫妻始結歡情，河車不敢暫留停，運入崑崙峯頂。却成，陸西星本作「便成」。

道光曰　姹女即木液，曰「汞」；郎君即金精，曰「鉛」。此言鉛汞二物，在土釜中，須憑火功，内鍊外煅，始結歡情。是以陰符陽火，不得暫停；諸般氣候，妙在一心。運自崑崙頂，注入温養，以成還丹。

子野曰　汞屬陰，故云「二八姹女」；　鉛屬陽，故云「九三郎君」。汞乃木之液，鉛乃金之精，得土爲媒，三姓交媾，加以丁火鍊之，則鉛汞融結，夫歡婦合。　火氣炎上，丹爲火氣下蒸，則河車自然有路飛上泥丸也。

上陽子曰　姹女即離宮之汞，郎君乃坎中之鉛，土乃合二爲一之物。　金木得土，方能媾結河車，運入於崑崙頂矣。

潛虛曰　崑崙峰，準玄門說。　觀一「峯」字，自與崑山不同。　若泥丸，則言運上矣。

七返九還第七

七返朱砂返本，九還金液還真；　休將寅子數坤申，但要五行成準。　本是水銀一味，周流遍歷諸辰；　陰陽數足自通神，出入豈離玄牝？

道光曰　九還七返者，不離天地五行生成之數。　世人以寅子數至坤申爲九還七返者，謬也。　返者，返本；　還者，還元。

水銀爲汞，汞即真一之精，一變爲水在北，二變爲砂在南，三變爲汞在東，四變爲金在西，五變爲丹在中。　此丹非天地不生，非日月不產，非四時不全，非五行不就，非總數不成。　是以遍歷諸辰，陰陽數足，自然變化通神也。

子野曰　火乃七數，金乃九數，金火相胥，作丹之要。金非火不還，火非金不返。龍虎上經云「丹術著明，莫大乎金火」，此之謂也。

水中金，故稱水銀。内丹之成，不出此一味爾。得其妙，則自然經歷諸辰，時至氣化。要知欲得之妙，非藉玄牝不可得也。

上陽子曰　朱砂爲汞，金液爲鉛，金來歸性，是曰「還丹」。本來只是先天一氣，生於造化泉窟，故號「水銀」。非此一味至寶之物，何以結丹？又非玄牝爲之根本，何由出入而變化哉？

潛虛曰　水銀乃太陽元精照耀於北方坎水之中而生者，謂之天一生水，又謂之水中金，即先天真鉛也。遍歷諸辰，莫非此精所化，東則爲汞，南則爲砂，至於西方化爲兑金而質始成。神仙於此兑金之中尋覓造化，當其金精壯盛，二七爻動之時，以火煅之，以感其氣，取歸土釜，配以己汞，日夜温養而成金液還丹。

七返者，七乃火數，己汞是也，此物最善周流；返者，窮而返本，化爲元精也。還者，自外而來，金來歸性也。七九之義，不在寅子，數至坤申，但要識得木火金水同一太陽元精所化，故其返其還，同歸混沌，化爲元精，而成大丹。

陰陽數足者，卦火周天也。玄牝，準玄牝之門説，三註可玩。

藥化功靈第八

雄裏内含雌質，負陰却抱陽精；兩般合和藥方成，點化魄靈魂聖。信道金丹一粒，蛇吞立變龍形；鷄飡亦乃化鸞鵬，飛入真陽清境。內含，陸西星本作「內懷」；負陰，陸西星本作「真陰」；魂靈魄聖，陸西星本作「魄纖魂勝」；真陽清境，陸西星本作「青陽真境」。

道光曰　雄裏雌是龍之弦氣，陰抱陽乃虎之弦氣，二物交合，靈丹自結。吞入腹中，點化陽魂以消陰魄。一粒如黍，鷄飡蛇吸亦化龍鵬，藥之神聖如此。

子野曰　陽中有陰，陰中有陽，陰陽相交，魂靈胎聖。

上陽子曰　我雖外雄，其中唯雌；我雖外白，其内唯黑。彼之陰中，反抱陽精。以陽點陰，大藥方成。萬物得此靈藥，皆能變化，而況於至人乎？

潛虛曰　化龍成鳳，天元神丹有之，此則以爲轉凡成聖之喻。

屯蒙運火第九

天地纔經否泰，朝昏好識屯蒙；輻來輳轂水朝宗，妙在抽添運用。得一萬般皆畢，休分南北西東；損之又損慎前功，命寶不宜輕弄。

道光曰　進火之始，用工於屯蒙，休工於既未，日夕搬運符火入於鼎中，如車之輪輻輳於轂，若百川水朝宗於海。運用抽添如此者，真一之精也。一氣生陰陽，陰陽生四象，四象生五行，五行生萬物，俱是真一之氣變也。故真一之精，爲天地父母，陰陽之宗祖，四象之元，五行之根，萬物之基。得此之一，則萬事畢矣。損之又損，方能盡得一之妙。蓋一之有象，運陰陽之火以形之也。既得，呑歸五内，如前運陰符陽火以慎前功，慮險防危，不可輕動，恐失命寶玄珠。

子野曰　陰陽既合，乃行火之候；輻輳轂者，乃得藥之功。斯時混沌復爲一太極，不必分南北西東之限，但當照顧關防。念頭差動，慎其前功，倘懷一時之興濃，則忘平日之辛苦而廢大事，所以道「不宜輕弄」。

上陽子曰　大修行之人，當思學道鍊丹之難。只此一粒之丹，甚不易得，費盡萬苦千辛，方能得之。既得之後，僥倖全此命寶，更宜深居閑處，温養珍調。損之又損者，念欲灰而志欲奮，功欲勤而景欲忘。其未得丹之時，行真個神仙之行；若已得丹之後，懷全無所得之心，則一切事物不關心君，而不無危險，直至功成火足而怠也。

潛虛曰　三註可玩。

藥火消息第十

冬至一陽來復，三旬增一陽爻。月中復卦朔晨潮，望罷乾終姤兆。日又別爲寒暑，陽生復起中宵。午時姤象一陰朝，鍊藥須知昏曉。 一陰朝，陸西星本作「一陰超」。

道光曰　冬至一陽生爲復卦，三十日又增一陽爲臨卦、爲泰、爲大壯、爲夬，至四月六陽爲純乾，乃陽火之候，陽極則陰生。夏至一陰生爲姤卦，三十日增一陰爲遯卦、爲否、爲觀、爲剝，至十月六陰爲純坤，乃陰符之候，陰極則陽生。周而復始，此一年之火候也。聖人移一年火候在一月之中，朔旦復卦，兩日半增一陽，至十五日爲純乾，十六日一陰生爲姤。又將一年之候移於一日之中，分爲寒暑陰陽温涼四時之氣，故以中夜子時一陽生爲復卦，午時一陰生爲姤卦。陽火陰符，一依天地陰陽升降之道。

子野曰　冬至初陽來復，喻身中藥生之時。此時於一月終見此氣候，所以云「三旬增一陽爻」者，月中之復卦也。自復至乾，乾滿而姤，姤即藥過之時，金逢望遠之候。日又別爲寒暑，言一日之内鍊藥氣候。半夜子時爲復，日中午時爲姤，學者鍊藥須要明其心中一陽之時，天地一陽之時，毫髮無差，金丹可望。

上陽子曰　冬至潮候乃天地之造化，鉛見癸生乃人身之造化；　天地一陽復而萬物兆，人身一陽生而真鉛現。此時不採不鍊，則過時溷濁，藥物不真。既得一粒之丹，與自己真汞既濟而成乾，乃行陽火，姤巽承領陰符，日運已汞，已固陽精，故曰姤象一陰朝。這裏又須口授也。

潛虛曰　紫賢註明，陸陳似文。

錯路第十一

不辨五行四象，那分朱汞鉛銀；　修丹火候未曾聞，早便稱呼居隱。　不肯自思己錯，更將錯路教人；　誤他永劫在迷津，似恁欺心安忍？

道光曰　丹經萬卷，妙在參同。又鼎器歌，金丹之髓，舉世學人莫能曉解，偶或愚師指示傍門非類，便有脫漏之想。未得吐故納新之方，便有飛雲走霧之興，自高自是，模範於人，己既不知悔悟，誤他亦溺迷津，虧心失行，多招惡報。況又謗毀前文，詐生議論，安忍此哉？

子野曰　語云：「中人以上可以語上也，中人以下不可以語上也。」

上陽子曰　鉛汞砂銀土，爲還丹之五行；　乾坤坎離，爲造化之四象。　火之爲物，最異最靈，炊薪笑而占客來，宵燈蕊而卜財喜。　凡火尚猶如此，真火尤爲靈通，故有生物生仙，功奪造化。　却緣愚子未遇真師，不知世有還丹之道，但以空無狂蕩鋒辯矯詐聱誘時人，錯到了處，不肯回思失行，不以罪福關心。　僕自聞師訓後，凡見此輩，即欲提省，使歸正道。　焉知淺識之徒，僻而難誨。　噫！　莊仙云「其人天且劓」者，真言也。

功德圓滿第十二

德行修逾八百，陰功積滿三千；　均齊物我與親冤，始合神仙本願。　虎兕刀兵不害，無常火宅難牽；　寶符降後去朝天，穩駕鸞車鳳輦。鸞車，陸西星本作「龍車」。

道光曰　九載抱一，行滿功成，物我俱忘，何畏乎刀兵虎兕？　天降寶符，身飛玉闕，此大丈夫功成名遂之時也。

子野曰　始因有作，今入無爲，無爲境界，真仙所居。

上陽子曰　修行之人，勤修德行，廣積陰功，任他魔障百端，惟以功行爲務。　存心如此，雖有宿冤，自然消散，豈有刀兵虎兕之害哉？ 功成之日，伺詔飛昇，若張天師、許旌陽、葛仙翁，皆道成之後白日昇天。 今人乃謂，神仙因宿世布種，積劫修來，非人可學，又苦之甚。 彼豈知葛仙翁六十歲後方得聞道，其勤謹有不可述者，而後道成。 噫！ 老子云：「古之善爲士者，微妙玄通，深不可識。」妙矣哉！ 深不可識者，鍊大丹之時，行有爲之道，唯其深不可識，故得行逾八百、功滿三千也。

潛虛曰 冤親物我，一切平等，則無愛憎取捨，可與忘物，可與忘我，可以忘忘，忘無可忘，即是至道。 功行孰逾於此？

仙佛同證第十三 以象閏月。

丹是色身至寶，鍊成變化無窮；更能性上究真宗，決了無生妙用。 不待他身後世，見前獲佛神通。 自從龍女著斯功，爾後誰能繼踵。

道光曰 此道正是我達磨祖師西來底意，祖祖相傳，皆此道也。 故六祖出曹溪一派，馬祖指爲西江水，無非此意。 但後之人，無心行道，唯以口談佛祖，無可奈何，拄杖棒喝，百般譬喻，使上根者行其道，中器者悟其性，下根者記其言。 道人所適，蓋欲世人先存其性，然後修命。 存性即玉液鍊己之功，修命即金液還丹之道。

愚者却謂，我教禪宗，一言之下，頓悟成佛。此乃誑惑迷愚，安有是理哉？要知金丹即我教中最上一乘之妙。

子野曰　「丹是色身至寶」，只斯一語，已盡大丹之旨，何用多爲？

上陽子曰　如來妙色身，從凡世色身中來，是以金丹至寶，不在深山窮谷，當於世間法中求之。此丹一成，變化無窮。先要自性究達，方可爲佛子已上事。故道光云：「修性即鍊己，修命即還丹。」此非時人修來生福，直要今生即成佛果。昔世尊靈山說法，五千人退席，唯一龍女於世尊前獻一寶珠，證佛成道也。

潛虛曰　或問：「佛言無相，仙貴有生，二說背弛，何從印可？」曰：「吾聞之至人，無始以來，一點靈光，是謂本來面目，吾人之實相也。仙佛聖凡，同具同證，一自落於形質之中，此段靈光埋没沉淪，罥掛輪網，入諸異趣，永劫無期。所以至人導之以修養，於是始有二氏之學。仙者主修，佛者主養。養者，涵育薰陶，俟其自化，其功密，其程遠，而實難；修者，省察克治，冀其速化，其功勤，其效速，而較易。其程遠，故抛身入身，經累劫而始成；其效速，則身外有身，即見前而便獲。所以仙佛異修。方諸有水，入於泥淖之中，佛則番番澄砢，去濁留清，經幾歲時，然後有以復其澄湛之體；仙則假以藥石，立地取清，其效雖速，而不知細微之中終有夾雜，所以必加面壁之功，謂之抱元守一，以空其心。昔人有言『身外有身，未爲奇特，虛空粉碎，方露全身』，至哉言也。然而陰神陽神，其號不同，併述所聞，用開來學。蓋神元屬陰，動則屬陽。世謂陽神出有入無，陰神終爲靈爽之鬼，非格論也。陽神者，乘其爻動之機，盜而用之，迨其得藥歸鼎，復以元神晝夜温養，搬運符火，抽添進退，始自有中尋無，復自無中生有，十月功圓，元神出竅，脱胎神化，身外有身，以其自有中來，無中取，動中求，靜裏變，謂之陽神；陰神則一以虛靜湛寂爲主，脚根廓然，無有少法可得，對盡垢除，本覺圓滿，遍恒河沙，無不周匝，所謂『處一方而十方俱現，演一音而沙界齊聞』，神之妙用其不可思議有如此者。故陽神容有不到之處，陰則無所不通。譬彼日光，蔀屋之中，陰崖之下，容有不照；陰則朗耀之衢，幽闇之地，遍滿周匝，無有罅漏，是其證也。古之至人，真造實詣，未始不以佛境爲難，而純陽老師乃有『只修性，不修命，萬劫陰靈難入聖』之語，學者讀此，不能不起仙佛軒輊之疑。曾不知老師妙旨，若謂佛之陰神必待萬劫修之而後可證，正如佛於阿耨多羅無有少法可得，直饒遇燃燈印證而不疑，尚隔來世乃能成佛，欲其轉凡成聖，見獲神通，如我金丹之學，身外有身，立躋聖域，不亦難乎？歌中之意，蓋謂此也。至於上陽仙公每言釋氏雪山修行，達磨少林面壁，六祖隱於四會獵人之中，謂皆密修金丹而能成佛，而以金丹爲最上一乘。考之仙佛同源，不爲無本。至於法華秘藏，微露此機，釋門之中未嘗顯演，不敢取以爲證，姑錄於此，俟有正法眼者，當爲辨之。」

絕句五首 以象鉛汞砂銀土之五行也。

兼修大藥第一

饒君了悟真如性，未免抛身却入身。何事更兼修大藥，頓超無漏作真人。

何事，陸西星本作「何似」。

道光曰 我如來法門，悟性爲先，然非上乘之妙義。金丹之道，得藥爲上，然必鍊性爲先。若以悟性爲偏，萬無是理。若不鍊性而求藥，恐致險危。

子野曰 易云：「窮理盡性以至於命。」是謂性命同修，是謂一陰一陽之道。若止悟性，未能了命，是謂偏陰偏陽之疾，而有抛身入身之患矣。

上陽子曰 世人不知仙師末後多舉釋氏之說者，要人必須性命兼修。後人反謗其成道之後，終須參佛，何其誑哉？彼了真如性體而不修丹者，不能成佛也。故首序云：「閉息一法與坐禪頗同，奈何精神屬陰，宅舍難固，不免長用遷徙之法，既未得金汞返還之道，又豈能回陽換骨、白日而昇天哉？」故抛身又入身者，難免無漏。

修命之道，直入無形。大藥者，修命也。性命雙修，形神俱妙。

潛虛曰　此下數詩，勸人雙修性命。所謂抛身入身、投胎奪舍、鑑形閉息等法，皆小乘之學，非佛之極地，等之仙階，直是遼遠，故仙翁貶而下之。首序亦云：「閉息一法，與二乘坐禪頗同，勤而行之，可以入定出神。奈何精神屬陰，宅舍難固，不免常用遷徙之法。既未得金汞返還之道，又豈能回陽換骨，白日而昇天哉？」意蓋如此。

四果非真第二

投胎奪舍及移居，舊住名爲四果徒；若會降龍并伏虎，真金起屋幾時枯？

道光曰　投胎奪舍，是執空之徒；降龍伏虎，是還丹之妙。

子野曰　金丹之道，一得永得，身外有身，隱顯莫測，與投胎奪舍頑空之輩不同。

上陽子曰　四果，如須陀洹、斯陀含、阿羅漢、阿那含是也；投胎奪舍，如五祖之投周氏胎者，猶可望再世而修，緣有道信，爲能不昧也。否則一失人身，則萬劫輪迴矣。

潛虛曰　投胎、奪舍、移居、舊住四等之人，皆能出死入生，名爲佛家四果之徒。奪舍移居，少有分別，奪者，主人方行而即奪；移者，主人已去而後來，較之投胎少爲便捷。舊住者，愛戀人緣，不能遽舍，復生其家。佛家四果，皆有死生，故此輩似之。

陰神非固第三

鑑形閉氣思神法，初出艱難後坦塗；倏忽縱能遊萬國，奈何屋舊却移居。

道光曰　凡此數事，皆道教之傍門爾，依此修行，不能見如來。

子野曰　此言出陰神之法，有屋舊移居之苦，與陽神金丹之道不同。

上陽子曰　閉氣養息，一陰而已，饒經萬劫，終落空亡。此非道也。洞賓傳載：「一日，洞賓化作一道人，遊廬山開先寺，見僧法珍坐禪二七年，頗有戒行。道人問曰：『坐可了道乎？』珍曰：『然。』道人曰：『佛戒貪嗔癡，爲甚方其坐時謂無心，及其遇物不能暫忘，偶著於愛則四種心紛然莫禦。若欲端坐，先鍊其心；既能鍊心，須伏其氣；既能伏氣，雖終日睡眠而道在其中。豈專在坐乎？』珍尚未悟，道人乃與珍歷雲堂，見一僧方酣寢，道人謂珍曰：『此僧平日何所爲？』珍曰：『打

初出，陸西星本作「初學」。

坐積功，以圓成佛。』道人曰：『吾偕子少坐於此，試觀此僧坐功。』良久，珍見睡僧頂門出一小赤蛇，長三寸餘，緣床自左足至地遍遊，遇涕唾食之，後循上尿器中，飲而去。乃出軒外，度小溝，繞花若駐玩狀。復欲度一小溝，以水溢而返。道人當其來處，以小刀插地迎之，蛇見畏縮，尋別徑至床右足，循僧頂門而入。睡僧遽驚覺，問訊道人及珍曰：『吾適一夢，與二子言之。初從左門出，逢齋供甚精，食之，又逢美酒飲之。因褰裳，度門外小江，逢美女數十，欲度小江，水驟漲，不能往，遂回。逢一賊，欲見殺，走，從捷徑至右門而入，遂覺。』道人與珍大笑而去，謂珍曰：『以床足爲門，以涕唾爲供，以溺爲醞，以溝爲江，以花木爲美女，以刃爲賊。人之夢寢，幻妄如此，人以坐而求道成佛，可乎？』珍曰：『爲蛇者何？』道人曰：『此僧性每多嗔，熏染變化已成蛇相，他日瞑目即受生於蛇矣。可不懼哉？吾呂公也，見子精誠，故來教子。』珍遂隨往，不知所終。」世之兀坐修佛者，視此豈不愧乎？

西方極樂第四

釋氏教人修極樂，只緣極樂是金方[1]，大都色相唯茲寶，餘二非真謾度量。

[1] 金方，陸西星本作「西方」。

道光曰　道無彼我，唯一而已。

子野曰　金者，萬物之寶，煅鍊愈剛，曠劫不壞。釋稱大覺金仙者，即金丹之道也。

上陽子曰　極樂者，無去無來，不生不滅，直須攪長河爲酥酪，傾醍醐以灌頂，即釋氏之金丹也。經云：「唯有一乘法，餘二即非真。」仙師指色相中修行者，唯此金液還丹之道，餘則無他可成佛也。

日用顛倒第五

俗語常言合聖道，宜向其中細尋討；若將日用顛倒求，大地塵沙盡成寶。

道光曰　真鉛真汞，不離日用之間，顛倒修之，大地俱成至寶也。

子野曰　顛倒之機，前卷悉已露盡。石中豈無玉，還他識寶人。

上陽子曰　日用常行是道。先哲云：「日用與夜作一般。」大修行人，須向其中細細尋思討論，實得真師指其造化，方知塵沙可以成寶也。

紫陽真人後序

切以人之生也，皆緣妄情而有其身。有其身則有患，若無其身，患從何有？夫欲免夫患者，莫若體夫至道；欲體夫至道，莫若明夫本心。故心者，道之體也；道者，心之用也。人能察心觀性，則圓明之體自現，無爲之用自成，不假施功，頓超彼岸。此非心鏡朗然，神珠廓明，則何以使諸相頓離，纖塵不染，心源自在，決定無生者哉？然其明心體道之士，身不能累其性，境不能亂其真，則刀兵烏能傷，虎兕烏能害，巨焚大浸烏足爲虞。達人心若明鏡，鑒而不納，隨機應物，和而不倡，故能勝物而無傷也。此所謂無上至真之妙道也。

原其道本無名，聖人强名；道本無言，聖人强言耳。然則名言若寂，則時流無以識其體而歸其真，是以聖人設教立言以顯其道，故道因言而後顯，言因道而返忘。奈何此道至妙至微，世人根性迷鈍，執其有身而惡死悅生，故卒難了悟。黄老悲其貪著，乃以修生之術順其所欲，漸次導之。以修生之要在金丹，金丹之要在神水華池，故道德、陰符之教得以盛行於世矣，蓋人悅其生也。然其言隱而理奥，學者雖諷誦其文，皆莫曉其義。若不遇至人授之口訣，縱揣量百種，終莫能著其功而成其事，豈非學者紛如牛毛而達者乃如麟角也。

伯端向己酉歲於成都遇師傳授丹法。當年且主公傾背，自後三傳與人三遭禍患，皆不逾半旬。近方憶師之所戒云：「異日有與汝解韁脱鎖者，當宜授之，餘不許爾。」後欲解名籍，而患此道人不知信，遂撰此悟真篇叙丹藥本末。既成，而求學者湊然而來。觀而意勤，心不忍悋，乃擇而授之。然而所授者，皆非有鉅室强力，能持危拯溺，慷慨特達，能仁明道之士。初再罹禍患，心猶未知，竟至於三，乃省前過。故知大丹之法，至簡至易，雖愚昧小人得而行之，則立超聖地，是以天意秘惜，不許輕傳於非人也。而伯端不遵師語，屢洩天機，以其有身，故每膺譴患。此天之深戒如此之神且速，敢不恐懼克責？自今以往，當鉗口結舌，雖鼎鑊居前，刀劍加項，亦無復敢言矣。

此悟真篇中，所歌詠大丹藥物火候細微之旨，無不備悉。好事者夙有仙骨，觀之則智慮自明，可以尋文解義，豈須伯端區區之口授之矣。如此乃天之所賜，非伯端之輒傳也。其如篇末歌頌談見性之法，即上所謂無爲妙覺之道也。然無爲之道，齊物爲心，雖顯秘要，終無過咎。奈何凡夫緣業有厚薄，性根有利純，縱聞一音，紛成異見，故釋迦、文殊所演法寶，無非一乘，而聽學者隨量會解，自成三乘之差。此後若有根性猛利之士，見聞此篇，則知伯端得達磨、六祖最上一乘之妙旨，可因一言而悟萬法也！如其習氣尚餘，則歸中小之見，亦非伯端之咎矣。

時元豐改元戊午歲仲夏月戊寅日天台張伯端平叔再序

悟真篇註釋

象川無名子翁淵明註

悟真篇註釋序

夫子嘗謂余曰，天台仙翁道成，授命紫陽真人之號於上帝，默相皇家，時嘗隱顯於世，人莫之識也。翁少偕我祖肄業辟雍，唯翁不第。夙挺靈根，因翫佛書，忽生擊竹之感，頓悟無生，直超真空清靜性海。晚景遇青城丈人於成都，盡得金丹之奧旨。洞曉陰陽互用之機，天地反覆生成之理，故能修真復命升入無形，抱一明心咸臻空寂，是以形神俱妙，與道合真，變化無窮，普現法界，即玆妙用，廣度羣迷。逮今而有遇其性命之道者，誠爲鮮矣。元豐間，與劉奉真之徒廣宣佛法，以「無生」留偈而入寂。奉真之徒焚其蜕，獲舍利千百，其大如茨。後七年，奉真之徒至王屋山，復會仙翁，知故此以示其形神俱妙也，性命兩全之意。仙翁蘊性慈仁，慷慨特達，窮理盡性以至於命，三宗一致，妙用無殊，不欲獨善諸身，故作悟真篇提誨後學。先以神仙命道誘其修鍊，故以命金丹之術，首詠是篇；終以真如空性遣其幻妄，故以禪宗詠其歌詩，畢其卷末。金丹之要，以二八真陰真陽之物立爲爐鼎，取先天之一氣歸斯爐鼎之中，變成一粒，大如黍米，號曰太一含真。是以首立七言四韻一十五首以表二八真陰真陽之數，五言一首以表太一之一粒。既得一粒，餌歸丹田，然後運火依約六十四卦而行之，故吟成絕句六十四首以按周易六十四卦。其運火之功有十月，并沐浴共有十二月，又續添西江月十二首以應周天之歲紀。十月功備，胎圓而成，化爲純陽之氣，故總吟成律詩八十一首，以象純陽九九數，形化氣矣。然後抱元九載，鍊氣成神，以神合道，故得形神俱妙。妙而無形，神與道合，冥而不測，是以神形命性悉居於究竟空寂之本源也，故以禪宗性道畢其卷末者也。故上皆取金丹大旨，次序如此。若乃藥物火候口訣，皆寓意在歌詠之中，覽者可尋文而解悟。自後傳之浸廣，文理頗有不同，又多錯謬，唯龍圖陸公之孫思誠之家其本爲真，此乃仙翁親傳之本也，仙翁亦自序其所得之詳於卷末矣。

愚因遊於洞天，得斯真文而改正諸，始悟仙翁所作之意。次序篇章取金丹之法象，其言雖約而義理該著，寓意雖微而比類親切，誠爲後學之真規，羣經之要覽。今夫學者多取傍門非類而證之，或以天庭至寶、玉壺金丹、混元靈丹之類妄亂穿鑿，終莫證其深根固蒂而具者。又有葉文叔者，以太極大衍之數釋而辨之，復撰圖於卷末，謂之悟真篇外傳，此乃簾瞻幙影，定馬爲乾，非惟紊亂真經，而使學者愈增疑惑。噫！仙翁有言曰：「不解自思己錯，更將錯路教人；誤他永劫在迷津，似恁欺心安忍？」非文叔之謂乎？焉知金丹一粒即太太極之一氣也，聖人假借二八之物，採其氣於一時之中，變成一粒，餌之則立躋聖地。仙翁曰「一時辰内管丹成」，又曰「一粒金丹吞入腹，始知我命不由天」，豈虛言哉？文叔不達斯理，反以一時爲非。若非止用一時而言之，是非三年必九載矣，爲至簡至易。而仙翁有「都來片餉工夫，永保無窮逸樂」之語哉？又以一粒而爲一日之丹，妄引真一子有日食一粒之說。然則三年九載必食千有餘粒，豈仙翁特以一時之語誑人乎？舉此兩端，足知文叔不得金丹之術明矣。是以妄亂箋註，紕謬非一，殊不知太極大衍之數，其實運火託象之時也。若託象求金丹之至道，是猶象龍致雨，畫餅充饑，不亦難乎？

愚固不敏，陪仙翁之遺躅，既承真廕，寅夕不忘，安敢坐視紅紫亂朱，而不能廣仙翁之辭意而明之者耶。是以不懼天譴，直洩天機，謹依師之秘旨，課解真文，分爲三卷。上卷言其强兵戰勝之術，以採其金也；中卷言其富國安民之法，以運其火也；下卷言其神仙抱一之道，以入無形也。一一說其實事，罔有纖微遺漏，同志覽之，坦然明白，直證至道，而不昧於邪宗曲流也。

無名子謹序

悟真篇註釋卷上

夫鍊金丹，每以中秋初刻一陽動時，坐鎮魁罡，壇昇三級，左擒龍而審定鼎弦，右擒虎而精調氣候。一文一武爭交戰於玄門，一去一來互鬥危於牝户，息符刻漏，數應周天，無令毫髮差殊，纖微悔吝，故得片餉時中，三戰纔終，立奪丹珠入口矣，故曰强兵戰勝之術也。戰者，交媾也；兵者，龍虎也；不一時辰獲金丹入口者，戰勝之術也。故西華經曰：「强兵戰勝，究在於養玄珠之功也。」是以仙翁首列七言二八首者，以明龍虎之數也；五言一首者，以表一時辰得金丹一粒也。此愚所以爲上卷表而出之，則强兵戰勝之義也。採金丹之功煥然而明白矣。

七言四韻十五首

其一

不求大道出迷塗，縱負賢才豈丈夫？百歲光陰石火爍，一生身世水

泡浮。爲貪利祿求榮顯，不顧形容暗瘁枯；試問堆金等山嶽，無常買得不來無？

人間所重之至極者，曰富與貴是也，乃人之所欲，故天下之人莫不快其性命之情，盡其平生之志，爭先力求之爲快。觀其所以然者，無過浸淫利祿聲色，實爲伐性命之戈矛也，爲此身之桎梏也。何則？夫世人不明道德之心，性命之大，唯貪利祿，日恣嗔癡，汨没愛河，漂沉慾海，是非人我交戰胸中，喜怒哀樂互殘軀内，是致尸鬼促其年壽，寒暑消其容光。不覺身生一世瞥然水上之漚，光景百年瞬若石中之火，縱使積金齊斗，玉壘等山，逮至無常而欲買身，使不爲螻蟻窟穴，可乎？哀哉痛哉！命未告終，其靈已投於別殼矣。虛靖真君曰：「今生不覺换入別殼，轉轉不覺。」嗚呼！與其投身於異類，曷若棲遲於大道。若道遂功成，身超碧落，乘雲氣，驅飛龍，而遊乎無極，永世不變乎。已位號真人，此大丈夫得志之秋，至樂至耀之日也。若區區俗務，碌碌塵心，而墜於世網者，縱負孔孟之賢才，兼有蘇張之榮耀，不過爲土上之遊魂，行尸之陰鬼耳，烏足以爲真丈夫哉！是以仙翁首詠是篇，蓋爲特達高明之士而言之，可因一言而自悟，速求大道，出離迷途，爲無爲之事，乃真丈夫耳。除此俱無足取矣。

其二

人生雖有百年期，壽夭窮通莫預知；　昨日街頭猶走馬，今朝棺裏已眠尸。妻財拋下非君有，罪業將行難自欺；

人之壽夭窮通，富貴貧賤，未嘗不默定於本然有分之數，豈可測而預知哉？夫人之壽夭約百年，近者七十固已稀矣。今以有限易摧之身，終日役役以逐無涯，不亦勞乎？一息不來，則爾然長往，不知所歸，可不爲大哀耶？故有「昨日方走馬，今日已眠尸」，出息不保入息也。當斯之際，雖榮居極品，祿享萬鍾，家豐無價之寶，室美傾城之艷，皆悉拋下，爲之一空，非己之有也。所有與之偕行而不可欺者，平生所造業罪而已，故云「萬般將不去，唯有業隨身」者也。曹真人詞曰：「歎人生，多忙亂，火宅塵緣日相牽絆。驀地喉中三寸斷，性魄神魂自此俱消散。任妻兒，哀切喚，萬句千聲更不回頭看。饒你在生多計筭，臥在荒坵失了惺惺漢。」誠哉是言也！

大藥不求爭得遇，

夫人欲免輪迴而不墮世網者，莫若金丹大藥，爲昇天之靈梯、超凡之捷徑也。其道甚簡甚易，雖愚昧小人，得而行之，立躋聖位矣。奈何上聖秘重，不許輕傳漏洩，唯口訣授賢，不記文字，是以難遇而易成者，自非勤求苦志，誠動高穹，未聞有一二得者。其謝自然以茲道之難遇，思慕真師於蓬萊，是以竭其精誠，傾囊倒廩，悉備舟楫，不顧洪濤巨浪之危，直往而不少憚，遂感海神而語曰：「蓬萊弱水三萬里，一芥不為之浮，子將安往赤城山，有司馬子微居焉。子往師之。」於是回舟尋訪赤城，果遇子微授其道，修鍊不數載，白日昇天。噫！精誠發之於中，感格應之於外，則無所不至也。若能操心立志之如此，奚慮金丹之道不成耶？道不負人，人常負道耳。參同契曰：「夫道無適無莫兮，唯付與賢者。」倘不堅誠力慕，爭得遇之哉？

遇之不鍊不愚癡。

金丹秘要，誠難遇矣。得遇之者，宿有仙骨，祖宗陰德厚也。又須巨有財力，結友三人方能就。此理在達者自知，固難言也。是故王沖熙遇海蟾公得金丹之道，無財下手，遂入洛謁韓富二公，賴有力者成道而去。苟有遇此道，又得有力者同心修鍊，而不肯為者，實愚癡之甚也。仙翁贈劉君詩曰「聞君知藥已多年，何不收心鍊取鉛？莫教燭被風吹滅，六道輪迴難怨天」，正謂是也。

其三

學仙須是學天仙，

仙有數等：陰神至靈而無形者，鬼仙也；處世無諸疾惱而壽者，人仙也；飛空走霧，不饑不撓，寒暑不侵，遨遊海島，長生不死者，地仙也；形神俱妙，與道合真，步日月無影，入金石無礙，變化無窮，或老或少，或隱或顯，或存或亡，聚則成形，散則成氣，蓍龜莫能測，鬼神莫能知者，天仙也。陰真君曰：「若能絕慾修胎息，移神脫殼，入定投尸託陰生不壞者，爲下品仙也；若授三甲符籙，太一盟威，上清三洞經法及劍術尸解之法得道者，并爲南宮列仙，在諸洞府，爲中品之仙也；若修金丹大藥成道者，全身沖天，乃爲無極上品天仙也。」仙翁勉修真之士，須立慷慨特達之志，斷念絕浮華，凝神樂無爲，不羣中下之仙，當證無上無極上品上仙也。

惟有金丹最的端；

丹有七十二品，欲學天仙，其道簡而易成者，惟有金丹至道最端的矣。此蓋無中生有，非天地後生五金八石、朱砂水銀、黑鉛白錫、雌雄砒粉、秋石草木之類，及自身津精氣血液應干有中生有等物。惟先天之前混沌真一之氣，用法追攝於一時辰之中，結成一粒，大如黍米，號曰金丹，又曰真鉛，曰陽丹，曰真汞，曰真一精，曰真一水，曰水火，曰太乙含真氣。人得服餌，立躋聖地。此乃無上之甲科天仙之妙道，舉世罕得聞此。

二物會時情性合，五行全處虎龍蟠。

真一之氣，生於天地之先，混於虛無之內，恍恍惚惚，杳杳冥冥，視之不見，聽之不聞，搏之不得，如之何凝結而成黍米哉？聖人以實而形虛，以有而形無。實而形有者，真陰真陽也，同類無形之物；虛而無者，是二八初弦之氣也，有氣而無質者也。兩者相形，一物生焉。所謂一者，真一之氣也，凝而爲一黍之珠者也。經曰「元始一寶珠，在空玄之中，大如黍米」，此其證也。聖人恐洩天機，以真陰真陽，取喻爲青龍白虎兩弦之氣，又譬爲真鉛真汞也。今仙翁詩曲中，復以龍之一物又名曰赤龍，曰震龍，曰天魂，曰乾家，曰乾爐，曰玉鼎，曰扶桑，曰玉池，曰下弦半輪月，曰東陽，曰長男，曰朱汞，曰朱砂鼎，曰離日，曰赤鳳，無過比類青龍之一名也；又以虎之一物名曰黑虎，曰兑虎，曰地魄，曰坤位，曰坤鼎，曰金鼎，曰金爐，曰華嶽，曰前弦半輪月，曰西川，曰少女，曰黑鉛，曰偃月爐，曰坎月，曰黑龜，無過比類白虎之一名也。又以龍之弦氣曰姹女，曰木汞，曰青蛾，曰朱裏汞，曰情，曰黃芽，曰流珠，曰青衣女子，曰金烏，曰離女，曰牝龍，曰真火，曰二八姹女，曰玉芝，曰木液之類，一也； 又以虎之弦氣名曰真鉛，曰金公，曰金精，曰水中金，曰水中銀，曰性，曰金花，曰白雪，曰素練郎君，曰符水，曰九三郎君，曰玉兎，曰坎男，曰雄虎，曰刀圭之類，一也。二物會時情性合者，二物即龍虎也。 青龍在東屬木，木能生火，龍之弦氣爲火曰情，屬南方，謂之朱雀； 白虎在西屬金，金能生水，虎之弦氣屬水曰性，屬北方，謂之玄武也。 龍木虎金，性水情火，謂之四象，會聚中宮，歸功戊己，而成丹也。 丹者，土也。 此乃真五行。故曰：「二物會時情性合，五行全處虎龍蟠。」

本因戊己爲媒娉，遂使夫妻鎮合歡；

木龍在東，金虎在西，二物間隔，安能使之配合而成造化哉？ 配合者，黃婆也，左手驅龍，右手駕虎，方可使之交併矣。 龍虎東西，黃婆使之會合，若非媒娉，安使結爲夫妻而歡合乎？ 今則真一之氣感結而成金液還丹者，實外藥之象也。

直候功成朝玉闕，九光霞裏駕祥鸞。

服此金丹之後，仍有十月之功鍊形成氣，又有九載抱一之機乃能化氣成神，形神俱妙，與道合真，而駕鸞鶴於九霄霞裏，上朝玉闕也。

其四

此法真中妙更真，都緣我獨異於人；

此道至神至聖，至簡至易，至尊至貴，玄之又玄，妙之有妙，舉世罕聞。仙翁出乎其類，拔乎其萃，獨得深旨。沖熙仙翁曰：「金丹之道，舉世道人無可許者，唯平叔一人而已。」泰山也，河海也，丘垤行潦者，何敢望焉？

自知顛倒由離坎，誰知浮沉定主賓。

離爲陽☲而居南，反爲女者，外陽而內陰也，謂之真汞；坎爲陰☵而居北，却爲男者，外陰而內陽也，謂之真鉛。仙翁曰：「日居離位反爲女，坎配蟾宮却是男；不會個中顛倒意，休將管見事高談。」此言坎之男、離之女，猶父之精、母之血，日之烏、月之兎，砂中汞、鉛中銀也，又天之黃男、地之玄女也。此數者，皆指示初弦二氣也。

主賓者，陽尊高居左曰「主」，陰卑下居右曰「賓」。夫離爲火，火炎上，火與木之性俱浮，屬陽，故爲主也；坎爲水，水潤下，水與金性俱沉，爲陰，故爲賓也。此常道之順理也。今則離反爲女，坎反爲男，主反爲賓，賓反爲主，豈非爲顛倒乎？故曰：「自知顛倒由離坎，誰識浮沉定主賓。」定主賓者，道中取二弦之氣爲顛倒之主賓，不取常道之主賓也，故曰「主賓」。

金鼎欲留朱裏汞，玉池先下水中銀；

金鼎者，金爲陰物，鼎中有陽氣，是陰中有陽之象，白虎是也；玉池者，玉爲陽物，池中有陰氣，是陽中有陰之象，青龍是也；砂中汞，龍之弦氣也。修丹之士，若欲以虎留戀龍之氣，必先驅龍就虎，然後二氣絪緼，兩情和暢，施功煅鍊，自然凝結真一之精。且火者，聖人不傳之妙，至高則八萬四千里，至下則北極大淵深處，激發而有火，是以聖人得火成丹，愚人用火成成禍矣。

神功運火非終旦，現出深潭日一輪。

火者，二弦之氣也。旦是一晝之首也，子爲六陽之元，故曰「旦」曰「子」也。聖人運動丹火，有神妙之功，不半時中，立得真一之精，一粒如黍，現於北海之中，光透簾幃，若深潭之現一輪赫日也。非終旦也，一時之内，金丹立就，此謂外藥法象也。

其五

虎躍龍騰風浪麤，中央正位產玄珠；果生枝上終期熟，子在胞中豈有殊？

此詩言真一之精，造化在外曰金丹，曰真鉛，曰真土；吞入五内，即名陽丹。此言虎即金丹也。龍者，我之真氣也；風浪者，我之氣自元海而起，其湧如浪，其動如風爾；中央正位者，即丹中金胎神室也，乃丹結處也；玄珠者，嬰兒，而曰金液還丹也。

夫金丹，是先天地之氣凝結而成，故爲母，爲君，爲鉛，謂之虎也；己之真氣，後天地生，爲子，爲臣，爲汞，謂之龍也。金丹自外來，吞入腹中，則己之真氣自下元氣海而上湧起如風浪，翕然湊之，如臣之朝君，似子之慕母，其相與之意可知矣。龍虎交合神室土釜之中，結成聖胎，若果生枝上，子在胞中，豈有殊別？十月胎圓，自然脱胎神化也。

南北宗源翻卦象，晨昏火候合天樞：

南北者，子午時也；　宗源者，起首之初也；　晨昏者，晝夜之理也。　子爲六陽之首，故爲晨，屯卦直事，進火之候也；　午爲六陰之源，故爲昏，蒙卦直事，進水之候也。　一日兩卦直事，始於屯蒙，終於既未，周而復始，循環不已，故曰「翻卦象」也，參同契曰「朔旦屯直事，至暮蒙當受；　晝夜各一卦，用之依次序；　既未至晦爽，終則復更始」是也。

一日兩卦直事，并牝牡四卦，一月計六十四卦，一卦六爻，六十四卦計三百八十四爻，以應一年并閏餘之數。乾之初九起於坤之初六，乾之策三十有六，六爻計二百一十有六；　坤之初六起於乾之初九，坤之策二十有四，六爻計一百四十有四。總而計之，三百六十度周天之度。　日月行度，交合升降，不出卦爻之內。　月行速，一月一周天；　日行遲，一歲一周天。

天樞者，斗樞也。　一晝一夜一周天，而一月一移也。　如正月建寅，二月建卯是也。且如正月建寅，如太陽未過宮分，以寅加亥，至酉見子，正月斗建臨，酉是正子時也；　如太陽已過宮分，用寅加戌，至寅見午，正月斗柄臨，寅是正午時也。　上士至人，知日月盈虧，明陰陽上下，行子午符火，有晝夜數，有加減，一一依斗建，運轉自然，暗合天度，故曰合天樞也。至道之妙在於此。

須知大隱居朝市，休向深山守靜孤。

金丹大藥，家家自有，不拘朝市，奈何見龍不識龍，見虎不識虎，逆而修之，幾何人哉？片餉之間結一寶珠，大如黍米，將擎掌内，霞光燦爛，吞入腹中，寶殿重新。「大道隱朝市，山中知不知？」孤陰寡陽之士，安能會此道邪？

其六

黃芽白雪不難尋，達者須憑德行深；四象五行全藉土，

龍之弦氣曰「黃芽」，虎之弦氣曰「白雪」，大藥根源實根基於此，其道甚簡，其事非遥，若非豐功偉行，莫能得遇真師指授玄要也。蓋此道肇自虛無，而生一氣，一氣變陰陽，曰龍曰虎，龍木生火，虎金生水。木火水金，四象也，四象合而成丹，丹之成，本於土，土無正形，分位四方，四時不得四季之土，四序不行，萬物不生，是以四象五行全藉土。

三元八卦豈離壬？

壬者，水也，即真一之氣也。真一之氣，即真一之水也，生於天地之先，變而爲陽龍陰虎也。龍虎合而丹成，丹即土也，龍即木也，虎即金也，金木土謂之三性，三性即三元也，三元不離真一之水變也。八卦者，其一之氣一變爲天，曰乾爲父，二變爲地，曰坤爲母。乾以陽氣索坤之陰氣一索而生長男曰震，再索而生中男曰坎，三索而生少男曰艮，此乾氣交坤氣而生三陽也；及乎坤，以陰氣索乾之陽氣一索生長女曰巽，再索生中女曰離，三索生少女曰兌，此坤氣交乾氣而生三陰也，亦不離真一之氣變也。故曰「三元八卦豈離壬」也。非止三元八卦不離真一之氣，自開闢以來，凡有形與名之類，莫不由此而成變化。真一子曰：「真一之精，爲天地之母，陰陽之根，水火之本，日月之宗，三才之源，五行之祖，萬物賴之以生成，千靈承之以舒慘。至於高天厚地，洞府名山，玄象靈神，仙佛賢聖，風雨晦朔，春夏秋冬，未兆之前，莫不因此鉛氣產出而成變化也。」修丹之子，苟得真一之水，則萬事畢矣。

鍊成靈質人難識，消盡陰魔鬼莫侵；

真一之黍，吞歸丹田，運火十月，爍盡羣陰，體化純陽之仙，陰魔尸鬼，逃遁無門。

欲向人間留秘訣，未逢一個是知音。

善根種而靈骨鍾，靈骨鍾而仙事畢。靈骨之鍾，善根之種也久矣，不於一生二、二生三乃至百億生中種於善根，纔出頭來，便有脱塵氣象。噫！走鬼行尸，一瓶一鉢，便欲登仙，神仙中人不易得也，胡不捫心揣己，與平凡之心有以異乎？無以異乎？我之仙事未有涯也，必也廣大變通，道獨於己，高超一世，鶴立鷄羣。人笑我爲迂疎，自知我非凡輩，黃精赤松乃吾友，蓬萊方丈乃吾家，自然遭遇異人傳授至道，結同心友，一黍丹成。仙翁欲向人間而留妙旨，莫怪子期之不遇，怎生得個我般人。

其七

好把真鉛著意尋，莫教容易度光陰；但將地魄擒朱汞，自有天魂制水金。可謂道高龍虎伏，堪言德重鬼神欽；

真鉛，即金丹也，先天之一氣，類如明月，乍圓乍缺，與江潮同宗，共月宮同派；地魄者，外藥也，則白虎是也，內藥者則金丹是也；天魂者，外藥也，則青龍是也，在內則己身朱汞是也，在外則龍之弦氣是也。內則金丹也，又謂之水中銀。此言喻內外二藥也。是日已過，命則隨滅，吾儕著意尋師，速鍊金丹以超生死，但將白虎擒魂，自有青龍制魄，一氣相吞而產金丹。既得金丹，復將此丹擒己真汞，變化金丹而成聖胎也。內之真龍真虎即降，外之凡龍凡虎自伏，身內神魂鬼魄既聖，世外陰神滯鬼自欽，非道德隆盛，孰能如此？

已知永壽齊天地，煩惱無由更上心。

體化純陽，壽齊天地，逍遥物外，自在人間，萬念俱空，則煩惱上心不能矣。

其八

休鍊三黃及四神，若尋草木更非真。陰陽得類歸交感，二八相當自合親。

三黃四神，金石草木，皆後天地生滓質之物，安能化有形入於無形哉？故西華經曰：「外肉不可成胎，綴花不可結子。」真一之氣，生於天地之先，杳杳冥冥，不可測度，因二八同類相當之物合而成親，絪緼交感之中，激而有象。同類者，無情之情也，不色之色也，烏肝八兩兎髓半斤是也。

潭底日紅陰怪滅，山頭月白藥苗新；

潭，陰；日，陽也。山，陽；月，陰也。潭底日紅者，陰中陽也。陰中之陽，爲純陽而無陰氣，故陰怪滅也，乃虎之初弦氣也，謂之紅鉛。山頭月白者，是陽中之陰也，乃龍之初弦氣也，謂之黑汞。聖人以此二物，於一時辰中，造化成一粒陽丹，結在北海之中，赫然如日，光透簾幃，即時採入腹，點我陰汞。陰汞則一身陰邪之氣，悉皆消滅，亦如曉日初自東海而昇，赫然照耀，則怪滅也。己之陰汞，自丹田下峯之頂，乍禀陽丹之氣，漸漸凝結，萌芽新嫩，藥苗新也。亦如月之朔旦與日交光，乍禀太陽之氣於日没時，吐微光於西山庚上，狀若蛾眉，其光嫩，藥苗新也。此寓意内外二藥之象也。

時人要識真鉛汞，不是凡砂與水銀。

西華經曰：「陽中之陰，名曰『姹女』；陰中之陽，號曰『金公』。此乃壺中夫婦也，紫府梯階也。悟之者，神仙現在眉睫；迷之者，杳隔塵沙。」夫外之真鉛真汞，即龍虎初弦之氣也；内之真鉛真汞，即己之真氣金丹也。時人要識鉛汞之真，即此是也，其他悉非真道。此二真物，能化有形入於無形，爲真仙子。而凡世之鉛汞，難以比論也。

其九

不識玄中顛倒顛，爭知火裏好栽蓮；

以人事推之，男兒故不能有孕，火裏故不可栽蓮。然神仙有顛倒顛之妙，輒使男兒有孕，亦如火裏栽蓮也。何則？日離爲男反是女，月坎是女却爲男，此顛倒顛也。二者顛倒却生丹，以丹點己之汞而變嬰兒，即是男子有孕，豈非顛倒乎？能透此理者，是火裏栽蓮也。

牽將白虎歸家養，產個明珠是月圓。

青龍白虎，俱是真一之精，二物分位東西，實同出而異名也。真一之精屬汞，汞爲龍在東，故真一之精居東方也。白虎本真一之子，寄體生在西，其家在東也。仙翁曰：「金公本是東家子，送在西鄰寄體生；認得喚來歸舍養，配將姹女作親情。」是以牽白虎歸家，配以青龍，結爲夫妻，產出明珠，猶如圓月。

蓋修丹之法，先取上弦西畔半輪月☽，得陽金八兩； 次取下弦東畔半輪月☾，得陰水半斤。以此兩個半輪月，合氣而生丹，丹似明月而圓也。大丹火記曰：「靈丹一粒，大如黍米，重於一斤。」以此兩個八兩合成一斤，而與仙翁月圓之意一同耳，皆比喻外藥法象也。乃得此丹吞入己腹，則金丹却爲白虎矣。又牽此白虎歸己腹中，配以我汞，然後運陰符陽火，循歷六十四卦，煅鍊而成金液還丹一粒，亦重一斤，似月圓也，此內藥之法象也。內藥似月圓者，運火之卦，每卦有六爻，六十四卦計三百八十四爻，三百八十四爻象一斤三百八十四銖也； 外藥似月圓者，上下兩弦半輪二八之數也。參同契曰：「上弦兑數八，下弦艮亦八； 兩弦合其精，乾坤體乃成； 二八應一斤，易道正不傾。」真一子曰：「上下兩弦，一斤之數，三百八十四爻，以應火候爻之計是也。」仙翁指示月圓之意，要使學者洞明造化之旨，分內外二八之數，不可一概論也。

謾守藥爐看火候，但安神息任天然； 羣陰剝盡丹成熟，跳出凡籠壽萬年。

火非世間之凡火也，乃元始陰陽之祖氣也，亦無藥爐可守，假諭而已。青霞子曰：「鼎鼎非金鼎，爐爐非藥爐； 火從離下發，水向坎中符。三性既會合，二味自然拘；固濟胎不洩，變化在須臾。」高象先曰：「天地絪縕男女姤，四象五行相輻輳；晝夜屯蒙法自然，安用孜孜看火候。」此言自然爐火也，非世間之爐火也。

但安神定息，調文治武，策符刻漏，切勿毫分有差，在半個時辰中，立得丹餌。然後依時進退陰符陽火，運用抽添，防危慮險，十月功圓，剝盡羣陰，體化純陽，跳出凡籠，豈止壽萬年而已耶，姑約而言之。到此方是金液還丹，尤未入妙，更抱一九載，使氣歸根，形神俱妙，與道合真矣。

其十

要知產藥川源處，只在西南是本鄉；

西華經曰：「藥生西南，收歸戊己；採及其時，下功有日。」夫西南，是坤也，虎生之所，坤方又是月出之位，故曰「本鄉」。月乃金水之晶，上下兩弦金水，合氣而生藥材，是土產川源之處，實出自坤母也。

鉛見癸生須急採，金逢望遠不堪嘗。

鉛見癸生之時，月正圓也；金逢望遠之時，月將虧也。得時失時，存乎口訣，要在心傳。古詩云「周天息數時時數，玉漏聲傳滴滴符」，此真人口口相傳之密旨。陸思誠作仙翁悟真篇後序，謂此詩傳者多謬以「鉛」字爲「若」字，以「金」字爲「如」字，甚失仙翁之深旨。金與鉛，即金丹也，以癸日子時用功，不得逾時過刻，是宜急採也。不用「若過望日」，故云「不堪嘗」。此天機也，訣當口授，不可書傳。陸公發其端緒，救愚魯之失，秘其源，懼竹帛之傳。吾儕親授玄旨，當自知之，如或未然，空懸之中去地五丈，黍米之珠不易得也。奈何傍門紛紛，多以圭丹爲鉛金，在天癸採摘，有兒戲；葉文叔又有坤納癸之語，可付之一笑。此皆未遇真師，妄亂穿鑿也。

送歸土釜牢關閉，次入流珠配厮當，

餌丹歸黃庭土釜之中，固濟胞胎不洩，運火飛流珠，入汞以配，胎結而靈也。

藥重一斤須二八，調停火候託陰陽。

烏肝八兩，兎髓半斤，兩個八兩合成一斤，故藥重一斤須二八。火實無火，假託陰陽之氣調停運用而得耳。

其十一

萬卷仙經語總同，金丹只此是根宗：依他坤位生成體，種在乾家交感宮。莫怪天機都漏洩，蓋緣學者自迷蒙；若能了得詩中意，立見三清太上公。

萬卷仙經，志當歸一，莫不以二八初弦之氣爲丹之質，但依坤母生成之理，逆而修之，得丹之後，種在乾父交感宮中，以運符火。修丹之妙，不出「鉛」「火」二字，仙翁於此洩盡天機，學者酷自迷蒙。何不近取諸身，以明至道，結成一黍，立賓上帝？

其十二

草木陰陽亦兩齊，若還闕一不芳菲；先開綠葉陽先唱，後發紅花陰後隨。常道即斯爲日用，真源返本有誰知？報言學道諸君子，不識陰陽莫强嗤。

草木未生之初，含孕至朴，及其甲坼，稟一氣以萌芽，故抽一葉以象一氣，次分兩葉以象陰陽，其次於兩葉中間復抽一蘂以應三才也。過此以往，漸漸枝離，花葉芬芳。春以之生而綠葉，夏以之長而紅花，此陽氣使之然也；秋以之肅而結實，冬以之殺而糞土，此陰氣使之然也。陰陽兩齊，化生不已，若還闕一，萬物不生。真一子曰：「孤陰不自長，寡陽不自成。」是以「天地絪緼，萬物化醇；男女姤精，萬物化生」，百姓即玆日用以爲常道，不知真源妙理，反覆陰陽，顛倒互用之機，以超生死。學者若不明此，反笑我者，乃自蒙蔽耳。

其十三

三五一都三個字，古今明者實然稀；東三南二同成五，北一西方四共之。戊己自居本生數，三家相見結嬰兒；

三五一，不離龍虎也。龍屬木，木數三居東，木能生火，故龍之弦氣爲火，火數二居南，二物同源，故三與二合而成一五也；虎屬金，金數四居西，金能生水，故虎之弦氣屬水，水數一居北，二物同宮，故四與一合而成二五也；二五交於戊己，中宮屬土，土數五，成三五也；三五合而生丹，丹者一也。此三個字，自古迨今，能了達者結就嬰兒，實爲稀有也。

嬰兒是一含真氣，十月胎圓入聖基。

一者，丹也；丹者，嬰兒也。一是真一之氣也，天地之母也。我之真一，乃天地之子也。以母氣吞歸五内以伏子氣，猶貓之伏鼠而不走也，故曰子母之氣相戀於胞胎之中而結嬰兒之一，故謂之太一含真也。含真一氣，如人懷胎，十月滿足，自然降生。聖胎亦如之，十月功圓，自然神聖，故曰「十月胎圓入聖基」也。

其十四

莫把孤陰爲有陽，獨修一物轉羸尫；勞形按引皆非道，鍊氣餐霞總是狂。

陽裏陰精，己之真精也，是一也。精能生氣，氣能生神，榮衛一身，莫本於此。油盡燈滅，髓竭身亡，此言精氣實一身之根本也。奈何此物屬陰，如朱砂内含水銀，亦如木中之生火，火性好飛，易失難擒，不受鍊制，若不得混元真一之陽丹以伏之，無由凝結以成變化。如只修此一物，轉見羸尫，況按引勞形皆非正道，餐霞服氣總是狂徒。設使吞日月之精華，光生五内，運雙關於夾脊，補腦還精，以致尸解投胎，出神入定，千門萬法，不過獨修一物而已。孤陰無陽，如雀鷄自卵，欲抱成雛，豈可得乎？

鍾離公曰：「涕唾津精氣血液，七件元來盡屬陰；若將此物爲丹質，怎得飛神貫玉京。」一身之中，非惟真精一物屬陰，五臟六腑俱陰非陽。若然則可分心腎爲坎離，以肝肺爲龍虎，得乎？用神氣爲子母，執津液爲汞鉛，得乎？若執此等治身，而求純陽之證，是猶去冷加冰，除熱用湯，飛龜舞蛇，愈見乖張。參同契曰：「使二女共室，顔色甚姝；使蘇秦通言，張儀結媒；發辯利舌，奮爲美辭；推心調諧，合爲夫婦。弊髮腐齒，各不相知。」以女妻女，以陰錬陰，胡爲乎而絪緼？胡爲乎而化生？

舉世謾求鉛汞伏，何時得見虎龍降；勸君窮取生身處，返本還源是藥王。

真虎真龍，二八是也；真鉛真汞，二弦之氣是也。此道至簡至近至邇，但學者執僻，堅認傍門，不識其類，妄求鉛汞。胡不知仙翁直指汞鉛所產川源之處，窮己之身，根從何來？命從何立？反此之中，還此之源，即真龍真虎自降，真鉛真汞自伏。非藥中之王，孰能與於此者哉？近世或者以混元小藥擬議金丹，如接竹點月，不亦遠乎？後天地生有形有質者，皆非至藥，蓋形下者非先天之道也。

其十五

不識真鉛正祖宗，萬般作用枉施功；

真鉛之要，二八爲宗，此外皆非正道。既非正道，枉施功耳。

休妻謾遣陰陽隔，

夷門破迷歌曰：「孤陰不是道，陰陽失宗位。」王真人曰：「學人剛强辭妻妾，不念無爲無不爲。」高象先曰：「或陽兮孤棲，或陰兮寡宿。」此言偏陰偏陽，獨修一物。執此却行房中御女之術，毀謗仙道，誤之甚矣。

絕粒徒教腸胃空。

破迷歌曰：「休糧不是道，死復作餓鬼。」誠哉是言也！

草木金銀皆滓質，霞雲日月屬朦朧；更饒吐納并存想，總與金丹事不同。

此歌言後天地生滓質之類，易遇難成，烏可與金丹同日而語耶！

補一首

蒲團子按　此首道藏翁淵明註釋本原無，今按戴起宗註疏本補之。

人人自有長生藥，自是愚癡枉把抛；　甘露降時天地合，黃芽生處坎離交。井蛙應謂無龍窟，籬鷃爭知有鳳巢；　丹熟自然金滿屋，何須尋草學燒茅。

甘露黃芽，皆金丹異名也；　天地坎離，皆龍虎之象也。天地之氣絪緼，甘露自降；　坎離之氣交併，黃芽自生；　龍虎二弦之道交接，真一之氣自結。此般至寶，家家自有，以其太近，故輕而棄之，殊不知此乃昇天之靈梯也。近世學者，多執傍門非類，孤陰寡陽，有中生有，易遇難成等法，而自誤其身，不知斯道簡而易成者。有如井底之蛙，籬間之雀，安知有龍窟鳳巢也。

黍粒之珠既懸，天地之金可掬。昔邵剛中精於黃白之術，世號爲小淮南王。後遇仙翁韓子陶法師於水上，北面事之，出汞金百鎰，獻陶以爲質。陶笑而不顧。邵歃血書盟，陶遂授道焉。既竟，陶取汞一掬入口漱之，吐於水盆中，水爲之湧沸。沸定，成紫金一垛。此示其内丹大藥有如此之神妙，豈待窮年卒歲弄草燒茅之輩可得而見之乎？　經文曰「地藏發洩，金玉露形」，又其證也。

五言一首 以象太一之奇。

女子著青衣，郎君披素練；

女子著青衣，女子者，龍之弦氣也，陽中之陰，故曰「女子」，又曰「木姬」，生於青龍，故著青衣；　郎君者，虎之弦氣也，陰中之陽，故曰「金郎」，生於白虎，故披素練也。

見之不可用，用之不可見。

有質可見者，後天地生滓質之類也，以其有質，故可見而不可用也；　無質可觀者，初弦二氣是也，故雖不可見而可用也。

恍惚裏相逢，杳冥中有變；

恍惚杳冥者，混元真一之氣也，生於天地之先，不可測度。恍惚中有物者，龍之初弦氣也；　杳冥內有精者，虎之初弦氣也。因二弦之氣在於恍惚之中，杳冥之內。有精者，虎之弦氣也；　有物者，龍之弦氣也。恍惚杳冥，絪緼磅礴，故得真一，兆靈而有變也。此無質而生有質也。

一霎火焰飛，真人自出現。

真人者，金丹也。聖人移一年氣候攢在一個時辰中，又於一個時辰分爲六候，只於兩候之中用火煅鍊，立得真一之精，結成一黍，現在北海之中，豈非一霎時火而真人出現乎？此道至妙，非遇仙師親傳口訣，其孰能與於此哉？仙翁蓋謂，金丹一粒雖是太極之氣變，若不因二弦之氣相交，不能成丹。丹者，土也。龍虎與二弦氣共成四象也，四象會於中宮而爲五行。太上歌曰：「五行只是藥，四象不可越。」是以五行四象和合而成丹。

此五言四韻，寓意太一含真氣之奇妙也。

悟真篇註釋卷中

夫虛無大道，肇生一氣，一氣判爲陰陽，故至陽之氣輕清覆冒於上謂之天，至陰之氣重濁負載於下謂之地。積純陽之氣飛昇於天者，仙也；積純陰之氣沉淪於地者，鬼也；稟一陰一陽之氣，不昇不沉之軀，處乎天地之中，可仙可鬼也。是故人能知修鍊，剝盡羣陰而形化爲純陽之氣，則昇仙矣；不知修鍊，日耗元陽而體化純陰之氣，則下鬼矣。易曰：「本乎天者親上，本乎地者親下，則各從其類也。」是以聖人仰觀俯察，知人稟天地之秀氣，爲靈貴之最者，故假真陰真陽之物，奪先天地之一氣以爲丹，餌歸丹田氣海之中，以御一身天地後生之氣，則一身之氣翕然歸之，若萬邦之朝人主，眾星之拱北辰也；知人因父母交感之情而有其身，是以盜陰陽純精之氣以爲化基，號曰「陰符陽火」，循環六十卦中，周而復始，回七十二候二十四氣於一日一夜之中，奪得四千三百二十年之正氣，輻輳於丹田氣海之中，溫養子珠，子珠則處中宮，無爲而制其外，故得外接陰陽符火，內生真一神軀，十月脫胎，形化純陽之氣，饑渴無能撓，寒暑不能侵，是以富國安民之法。夫國者，喻身也；民者，精氣也。民爲邦本，本固邦寧。邦苟無君，則民何歸？君苟無臣，則國罔治。是以聖人以丹爲君，以火爲臣，丹火相須，君臣慶會，則天下平治，精民安樂則一身之國富也。西華經曰：「精完氣足，是爲富國安民。」正在餌金丹之後。是以仙翁繼述絕句六十四首，按周易諸卦者，以明運火爻之計也。又續添西江月一十二首，以象沐浴共有一十二月之功也。此愚所爲分爲中卷，以明運火富國安民之意。蓋修丹之次序當如此焉耳。

絕句六十四首

其一

赫赫金丹一日成，古仙垂語實堪聽；若言九載三年者，盡是推延欵日程。

金丹大藥，下功不逾半個時辰，立得金丹服餌。此言一日者，聖人移一年氣候於一月之中，又以一月氣候移於一日之內，復以一日作用移在一時之中，此大概而言之，通作「一日」也。仙翁曰「以時易日發神功」是也。金丹入口，立躋聖地，喻明驗如此之速，豈三年九載，遷延歲月以欵日程耶？

其二

先把乾坤爲鼎器，次搏烏兎藥來烹；既驅二物歸黃道，爭得靈丹不解生？

古歌曰：「日月本是乾坤精，萬象森羅著甚明。」聖人以乾坤喻爲鼎器，以日月喻爲藥物。且乾坤即是真龍真虎，藥物乃是龍虎之弦氣也。魏公曰：「鼎鼎元無鼎，藥藥元無藥。」聖人假名託象，立喻如此也。其要只在真龍真虎初弦二氣交姤煅鍊，真一之精結於北海中宮之內而已。故仙翁云「既驅二物歸黃道，爭得靈丹不解生」，黃道即中宮凝結之處也。

其三

取將坎位中心實，點化離宮腹內陰；從此變成乾健體，潛藏飛躍盡由心。

離卦☲外陽內陰，坎卦☵外陰內陽，以外陽點內陰，即成乾卦☰。金母是至陽之氣，號曰「陽丹」，結在北海中宮，取來點己陰汞，化爲純陽之體，然後運火抽添進退，俱由在我心運用也。或者以圭丹爲坎中一畫，却與金丹大藥雲泥謾隔也。殊不知是後天滓質之物，非先天之一氣也。

其四

離坎若還無戊己，雖含四象不成丹；只緣彼此懷真土，遂使金丹有反還。

參同契曰：「離己日光，坎戊月精。」離己象龍之弦氣，坎戊象虎之弦氣。戊己是土之一體，分居龍虎二體，故彼此各有真土也。龍虎苟無土氣，安能合併，而使四象入於真土而成丹哉？只緣彼此各懷土氣，是以龍虎交而戊己合也，四象會而丹成，故有返還之道矣。

其五

日居離位反爲女，坎配蟾宮却是男；不會個中顛倒理，休將管見事高談。

日中烏屬陰，故曰「離女」；月中兎屬陽，故曰「坎男」。談不及此，如以管窺天，何所見之小？

其六

震龍汞自出離鄉，兑虎鉛生在坎方；二物總因兒產母，五行全要入中央。

汞爲震龍，屬木，木生火，故木爲火母，火爲木子，此道道之順也。及乎朱砂，屬火，爲離，汞自砂中生，却是火反能生木，故曰「兒產母」也，太白真人歌曰「五行顛倒術，龍從火裏出」是也。

夫鉛爲兑虎，屬金，金生水，故金爲水母，水爲金子，此常道之順也。及乎黑鉛，屬水，爲坎，銀自鉛中生，却是水反能生金矣，故曰「兒產母」也，又歌曰「五行不順行，虎向水中生」是也。仙翁所以言鉛生在坎，不言銀生者，蓋鉛中銀謂之真鉛，又曰「水中銀」，故取真鉛而言之，是以言鉛而不言銀也。

二物互相生產而成四象，會合中宮而成五行，五行會而金丹結矣，故曰「五行全要入中央」也。

其七

卦中設象本儀形，得象忘言意自明；後世迷徒爲泥象，却行卦氣望飛昇。

卦者，火之筌蹄也。因魏公讀易，悟金丹作用與易一同，故作參同契，演易象以明大丹，開示後人。故喻乾坤爲鼎器，象己腹中靈胎神室；又以坎離爲藥物，象己鉛汞在靈胎神室中也。乾坤爲眾卦之父母，坎離爲父母真精，故以此四卦居於中宮，猶靈胎鉛汞在靈胎神室也。乾坤爲衆卦之父母，坎離爲父母之真精，故以此四卦居於中宮，猶靈胎鉛汞在丹田中也。處中以制外，故四卦不係運轂之數，其餘諸卦并分在一月之中，搬運符火，始自屯蒙，終於既未，周而復始，如車之輪，運轉不已。一日兩卦直事，三十日計六十卦，連乾坤坎離四卦，共六十四卦，總計三百六十四爻，以象一年并閏餘三百八十四日也，又象金丹二八一斤之數計三百八十四銖，盡皆比喻設象如此。學者觀其卦象，悟火之作用可也。既明火候，卦象皆可以忘而無用也。今學者反迷此而行卦氣，勞形苦思而望飛昇，不亦悲乎？得魚忘筌，得兎忘蹄，今反執筌蹄爲魚兎，玄道逾遠矣。

其八

嚥津納氣是人行，有物方能造化生；鼎內若無真種子，猶將猛火煮空鐺。

世所謂學嚥津服氣者，皆是天地後生之物也，非真服氣也。夫真服氣者，先伏而後服也，「伏氣不服氣，不服須伏氣；服氣不長生，長生須伏氣」是也。夫真一之氣，混於杳冥恍惚之間，難求難見，聖人以法伏之，故得杳冥中有物，恍惚中有精，以此精物變鍊成丹，服歸丹田之中，則萬化生也，故曰「有物方能造化生」。物者，真種子也。

若無此真種子，萬般作用勞而無功，是猶大火煑空鐺，不久俱敗壞矣。

其九

華嶽山頭雄虎嘯，扶桑海底牝龍吟；黃婆自解相媒合，遣作夫妻共一心。

華嶽是西山，象虎也，雄虎者，乃虎之弦氣也，陰中之陽，故號爲「雄虎」；扶桑是海底日出之處，以象龍者也，牝龍者，乃龍之弦氣也，陽中之陰，故號爲「牝龍」。二物相隔，分位東西。媒者，黃婆，能使交合結爲夫妻，共同一心以產黃芽也。

其十

調和鉛汞要成丹，大小無傷兩國全；

驅龍則火汞飛揚，駕虎則水鉛閃爍，絪縕造化，以立先天，和氣結成，何傷之有？是以大小無傷兩國全也。龍大虎小，陽尊陰卑之義也。

若問真鉛何物是，蟾光終日照西川。

金丹因上下兩弦金水結成，號曰「真鉛」；蟾光者，金水之精，屬陰也；照者，與日交光之義也，象陰陽交合之道；　西是金之方，正得八月之中氣；　川者，水也。聖人於八月十五日，金水二氣感結真一之精，故曰「蟾光終日照西川」也。

其十一

不識陽精及主賓，知他那個是疏親？　房中空閉尾閭穴，誤殺閻浮多少人。

鍾離曰：「四大一身皆屬陰，不知何物是陽精。」精是真一之氣，至陽之物，名曰「陽丹」也。　己身內真精屬陰，爲一身之主，以養一體，其陽丹自外來，以制己之陰汞，則是丹反爲主而己汞反爲賓，二物相戀，結成金砂，自然不走。　然後加火，鍊成金液還丹，故知陽丹在外謂之疎，己真氣在內謂之親。　反此親疎，以定賓主，道可成也。迷徒不達此理，却行御女之術，強閉精氣而曰鍊陰丹，將欲延年，如以薪救火也。　經曰：「火生於木，禍發必尅。」誤人之甚，可不慎歟？

其十二

用鉛不得用凡鉛，用了真鉛也棄捐；　此是用鉛真妙訣，用鉛不用是誠言。

凡鉛，即後天滓質之類也；　真鉛，是真一之氣也。　夫人精氣，日逐飛散，無由凝結而成聖胎，故聖人鍊真鉛以伏之，使凝結成砂，日逐運火，漸漸添汞。汞氣漸多，鉛氣漸散，添汞減鉛，其妙如此。十月火足，六百卦終，鉛氣飛浮，如明窗中塵，片片飛浮而去，九載抱一，鉛氣浮盡，只留得一味乾水銀也。鉛盡汞乾，化爲金液大還丹，體變純陽，與天齊壽，故曰「用了真鉛也棄捐」也。「用鉛不用」之句，豈虛誕哉？聞道至此，當明心於天曰：「師恩難報，誓成道以答師恩，若負師如負天也。」

其十三

竹破還將竹補宜，覆鷄當用卵爲之；萬般作用徒勞力，爭似真鉛合聖機。

竹器破矣，用金木之物補，可乎？亦必以竹補之，然後器用完矣。雞將覆矣，以土石之物抱之，可乎？亦必以卵覆之，然後轂育生焉。陶真人曰：「竹斷須竹續，木破須木補；屋漏以瓦蓋，人衰以類主。」修真若非同類之氣，徒施工巧謾勞力矣。參同契曰：「同類易施功，非類難爲巧；欲作服食仙，當以同類者。」蓋人稟天地之秀氣而有生，真鉛是天地之母氣，託同類之物孕而有之，故真鉛爲母氣，我精氣爲子氣，豈非同類之至妙，曷以臻此聖人之深機、自然之要道也。

其十四

藥逢氣類方成象，道合希夷即自然；一粒金丹吞入腹，始知我命不由天。

有物混成，先天地生，聖人强名曰「混元真一之氣」，視之不見，聽之不聞，搏之不得。聖人以同類二八初弦之氣，感而遂通，降靈成象於空玄之中，一粒如黍，取而餌之，立乾己汞，化爲純陽之軀，與天地齊年。朝元子曰：「死生盡道由天地，性命元來屬汞鉛。」此非我命在我不在天乎？

其十五

道自虛無生一氣，便從一氣產陰陽；陰陽再合生三體，三體重生萬物張。

道本虛，而實形之；道本無，而有形之。形則生焉，一生二，二生三，三生萬物。萬物莫不負陰而抱陽，沖氣以爲和。方其未形，沖和之氣不可見也。及其既形，輕清之氣爲陽，重濁之氣爲陰，故陽天爲父、陰地爲母。二氣絪緼，兩情和合，合成三體，謂之三才，曰天、曰地、曰人。《易》曰：「天地絪緼，萬物化醇；男女媾精，萬物化生。」聖人探斯之賾而知源，窮斯之神而知化，故能反其本，還其源，顛倒陶鎔，逆施造化，賊天地母氣爲丹，盜陰陽之精氣爲火，鍊形反歸於一氣，鍊氣復歸於虛無，故得身與道合，微妙玄通，變化無窮，隱顯莫測，號曰真人。

其十六

雪山一味好醍醐，傾入東陽造化爐；

雪山，白色，西方之象，即金丹也。金丹一粒，味若醍醐，取而餌之，入我丹田造化爐中，鍊成聖胎也。

若過崑崙西北去，張騫始得見麻姑。

崑崙山在海水中，我身崑崙亦在下元水海中生，狀若崑崙山，實發火之處也。崑崙山有門謂之玄門，即天門也。天門在西北方乾位，仙翁曰「種在乾家交感宮」是也。所以西北去，則張騫見麻姑矣。

張騫，象乾卦，爲陽火也，又象真汞；麻姑，象坤卦，爲陰符，又象真鉛。此言若過崑崙發火，自玄門而入，則鼎内真鉛始見真汞而有變化也。方其真胎内融，真火外接，坤策併乾策，陰水逐陽符，兩火交通，鉛汞迎合，神仙之道，根本於斯。張騫之乘槎至月宮而遇女宿者，比喻陰陽相會之意而言之耳。

其十七

姹女遊從自有方，前行須短後行長；

姹女者，汞也，謂之汞火，遊從有方。前行者，外藥之作用也；後行者，內藥之作用也。有此兩用，故曰「遊從自有方」也。聖人下功鍊丹之初，運汞火，不出半個時辰，立得真一之精而吞餌之，故曰「前行須短」也；及乎服丹之後，運己汞火，却有十月之功，故曰「後行長」也。

歸來却入黃婆舍，嫁個金公作老郎。

黃婆，內象，即金胎土釜是也；金公，真鉛也；老郎，純陽之象也。真汞因外運火，飛入神室之中，配合真鉛，相交相戀，化爲純陽之體，故曰「嫁個金公作老郎」也。歸來者，取其收功之意也。

其十八

用將須分左右軍，饒他爲主我爲賓；勸君臨陣休輕敵，恐喪吾家無價珍。

此明火候作用也。將者，火也，左爲文，右爲武。聖人縮一年之火候於一月之內，縮一月火候於一日之中，自子至巳，六時屬陽，象春夏發生之德，故爲文居左，謂之「陽火」也；自午至亥，六時屬陰，象秋冬肅殺之刑，故爲武居右，謂之「陰符」也。

饒他爲主我爲賓者，則是守雌而不守雄也，持靜而不爭也。夫主爲陽而雄，好爭也；賓爲陰而雌，好靜也。此慮險防危敬畏之意也。兵法曰「以逸待勞」，又曰「制人而不制於人」，此之謂也。道之用在乎火，火之用在乎人，喻如賓之見主，進退恭謹，不敢妄動也。運火之士，不可不知此矣。

夫運火者，先定刻漏以分子午，次接陰陽以爲化基，搬六十四卦於陰符，鼓二十四氣於陽火，天關在手，地軸存心，回七十二候之要津攢歸鼎內，奪三千六百之正氣輻輳胎中，運用有方，抽添有序，動則防危慮險，非敢差忒毫分，故得外接陰陽之符，內生真一之體。苟或用心不恪，節候差殊，致使姹女逃亡，鼎內靈胎不結還丹，無價之寶失矣。今也，臨陣可不守雌而輕敵者乎？

其十九

西山白虎性猖狂，東海青龍不可當；兩手捉來令死鬥，化成一塊紫金霜。

此言外象，已釋在前四韻第三篇中。紫金霜，即金丹也。海蟾公曰「左手捉住青龍頭，右手拽住白虎尾；一時將來入口吞，思量此物甚甘美；算來只是水中金，始達玄微真妙理」，此其證也。以「兩手」作「兩獸」者，非也。

其二十

前弦之後後弦前，藥味平平氣象全；採得歸來爐裏煅，鍊成温養自烹煎。

月至三十日，陽魂之金喪盡，陰魄之水盈輪，是以純黑而無光也，象坤☷卦，故曰「晦」，此時與日相交在晦朔兩日之中，合體而行，同出同沒；至初二日，因感太陽之光而有孕，漸漸相離，至初三日日沒時，即現蛾眉於庚上，於純陰輪中生一陽光，魄中魂生，象震卦☳，此時陽魂之金初生，藥苗新也；至初八日，二陽生，象兑☱卦，此時魄中魂半◐，其平如繩，故曰「上弦」也，此弦之前屬陽，其後屬陰，陰中陽半，得水中之金八兩，其味平平，其氣象全也。至十五日，三陽備，象乾☰卦，此時陰魄之水消盡，陽魂之金盈輪○，是以團圓，純陽而無陰也，故曰「望」；陽極則陰生，故十六日，於純陽輪中生一陰○，魂中魄生，象巽☴卦，漸漸缺；至二十三日，二陰生，象艮☶卦，此時魂中魄半也◑，其平如繩，故曰「下弦」也。此弦之前屬陰，其後屬陽，陽中陰半，得金中之水半斤，其味平平，其氣象全也。聖人採此二八，擒歸造化爐中，煑煅真一氣，變成黍米，吞歸腹內，溫養烹煎，而成金液還丹。全藉陰符陽火進退抽添，毫髮差殊，丹道不成也。仙翁於此章叮嚀反復使自烹者，良有旨哉！

其二十一

先且觀天明五賊，次須察地以安民；民安國富方求戰，戰勝方能見聖人。

五賊者，在天爲五星，在地爲五嶽，在神爲五帝，在隅爲五方，在人爲五臟，在行爲五常，在物爲五行、五色、五氣、五音、五金、五味、五穀。是賊也，經曰「天有五賊，見之者昌」，人能見此而逆修之，則宇宙在乎手，萬化生乎身也。

察地之理，莫大乎安民。民爲邦本，本固邦寧而國富矣。聖人以身爲國，以精氣爲民，以火爲臣，以丹爲君也。

吾儕若能親擒五賊而逆修之，盜陰陽而化之，則真一之精可奪，己之陰汞立乾，精固氣牢，求戰必勝。是以運火無殆，十月功圓，脱胎神聖，而爲真仙子。故曰「戰勝方能見聖人」也。

其二十二

日月三旬一遇逢，以時易日法神功；守城野戰知凶吉，增得靈砂滿鼎紅。

太陰太陽，一月一合，聖人則之，縮一月之候在於一日，移一日之候分於一時，搬運符火，守城則沐浴罷攻，野戰則龍虎交鬥。

神功者，進火之度也，苟或陰陽錯亂，日月乖戾，外火雖動而行，内符閒靜不應。凡有道之士，進火退水，知吉知凶，旋斗歷箕，暗合天度，自然靈胎密運，神鼎增輝。

其二十三

陰符寶字逾三百，道德靈文滿五千；今古上仙無限數，盡於此處達真詮。

二經爲羣經之管轄，諸子之樞紐，古今達道者，盡由斯得也。

其二十四

八月十五翫蟾輝，正是金精盛壯時；若到一陽纔起復，便堪進火莫延遲。

八月十五日，正是金水生旺之時；一陽來復，半夜子時也。內外二丹，火工并進，不可延遲失於時節。

其二十五

玄牝之門世罕知，指他口鼻妄施為；饒君吐納經千載，爭得金烏搦兎兒？

經曰：「玄牝之門，是謂天地根。綿綿若存，用之不勤。」妙哉至言也！舉世莫能知此，非真人指示，孰能曉了？近有葉文叔，以兩腎中間為混元一穴，排拉他說，尤甚非也。玄牝二物，豈可一穴言之？自開闢以來，若無此二物，安能有萬物哉？故因內外二丹從此而立，聖人秘之曰「偃月爐」「懸胎鼎」也。

金烏，即金丹也。金丹制我汞，如貓伏鼠，似烏搦兎，不能逃遁。若以口鼻為玄牝，直饒千載吐納，轉見尫羸矣。

其二十六

休將死户爲生户，莫執生門號死門；若會殺機明反復，始知害裏却生恩。

陰陽五行，順之則生，逆之則死，此常道也。庸人詎知有不生之生則長生，不順之順爲至順，若能明此反復之理，害裏生恩，男兒有孕也。殺機者，盜機也。

其二十七

月纔天際半輪明，早有龍吟虎嘯聲；便好用功修二八，一時辰内管丹成。

月之半輪者，一八之數也。仙翁指示龍虎各有一八之數，合成二八也。道之妙用，都在一時辰中，此時水源至清，有氣無質也。一年之中止有一日，一日之中止用一時，一時之中分作六候，下功不逾兩候，金丹立成，尚餘四候别有作用。此乃天機，不書竹帛，口傳心授，仙翁通作一時而言之，故曰「一時辰内管丹成」也。葉文叔不達此理，妄意解釋，有言「藥成於一時非盡用一時」，茫然不知所歸，私意揣度也，可笑之甚。若非止用一時，是將欵日程也，奚爲至簡至易耶？妙矣哉，此道非人間可得而聞矣！

謹按：南䰟子大丹火記曰：「伏覩聖人，始於下工之際，造鉛之初，盜三元一大周天之氣，奪二千零七十三萬六千之正氣，聚於乾坤之鼎，會於生殺之舍，天地之數奪盡，日月之數奪盡，龍虎之數奪盡，生成之數奪盡，陰陽五行之數奪盡，擒在一時辰中，制造聖丹一粒，其大如黍，其重一斤，至靈至聖，至尊至貴，爲天地之元精，作一身之主宰，可謂賊天賊地賊陰賊陽，宇宙在乎手，萬化生乎身，成至真仙子，賓於上帝。」故我仙師有言，「一時辰内管丹成」，豈虛語哉？此其證也。

其二十八

火生於木本藏鋒，不會鑽研莫强攻；禍發只因斯害己，要能制伏覓金公。

經曰「火生於木，禍發必剋；精生在身，情動必潰」，不會鑽研斯害己。吕公曰：「火燒七户密閉牢，莫教燒破河車路。」要能制伏，須藉金公，參同契曰「將欲制之，黄芽爲根」是也。

其二十九

安爐立鼎法乾坤，煅錬精華制魄魂；聚散絪緼爲變化，敢將變化託言論。

積諸陽氣爲天，在上而不潤下，積諸陰氣爲地，在下而不炎上，則天地不交也。不交焉能生萬物哉？蓋天雖爲至陽之物，而有一陰之氣，故能降地；地雖爲至陰之物，而有一陽之氣，故能昇天。二氣絪緼，萬物化醇，因以氣交合，遂成變化也。金丹之道，安爐立鼎，煅鍊精華，以制魂魄，莫不法爲天地也，子母歌曰「情交無用藥，氣合無言說」是也。金丹以氣爲類，結而成變化也，始自無生有，復自有生無，是以變化無窮。此乃天機，安敢饒舌自取輕洩漏慢之愆尤哉！

其三十

坎電烹轟金水方，火發崑崙陰與陽；二物若還和合了，自然藥熟遍身香。

坎電者，水中之火，謂之「陰符」，即虎之弦氣也；金水方者，西北乾位，即龍是也，西方又是天門，謂之「玄門」也。

此言虎以陰中之火烹爍乾龍，龍即發崑崙火應之，二火相併，真一之精自然凝結，即時採餌，百骸俱理，香且美矣。參同契曰：「金砂入五內，霧散若風雲；薰蒸達四肢，顏色悅澤好。鬢髮皆變黑，更生易牙齒；老翁反丁壯，耆嫗成姹女。」此非真香滿身乎？既餌丹後，運陰陽符火，虎以陰中之火爍其玄門，龍發崑崙之火以應之，二物和合了，金液還丹，自然香熟，遍身增輝，香且美矣。詩言內外二丹法象。

其三十一

要得谷神長不死，須憑玄牝立根基；　真金既反黃金室，一顆圓光永不離。

《易》曰：「陰陽不測之神。」無形者，感而遂通，若谷之應聲，故曰「谷神」。夫神因氣而立，氣因精而生，精能生氣，氣能生神，故神氣為一身之主宰，一身為神氣之宮府。形不得神氣不生，神不得形器不立，三物相須，故始能生也。

若欲長生，須憑玄牝，根基始立，然後長生可致矣。萬物莫不由此二物而生，還因此二物而死，實為天地之根，五行之祖，陰陽之蒂，萬化之基。聖人憑此以成外丹，藉此以就內藥，故得真一之精反於黃金之屋，變現一顆靈光，化身為氣，化氣為神，形神俱妙，與道合真，隱顯莫測也。

其三十二

三才相盜食其時，道德神仙隱此機；　萬化既安諸慮息，百骸俱理證無為。

天地以四時盜萬物，故有榮有悴而不長榮；　萬物以五味盜人，故有生有死而不長生；人以五行盜萬物，故有壞有成不能長存也。三盜既宜，三才既安，是以有盛有衰，有生有死，有榮有悴，有晝有夜，有往有來，有出有沒，有廢有興，有物有我，有是有非，紛紛而起，循環無窮，而不可測者，自然之道也。若能混此三盜而一之，反其機而執之，逆其時而食之，則百骸俱理而萬化安，萬化既安則諸慮俱息。

其三十三

否泰纔交萬物盈，屯蒙受卦稟生成；此中得意休求象，若究羣爻謾役情。

冬夏二至爲一陰一陽之首，子午二時爲一日一夜之元。聖人運動陰符陽火，協天地陰陽昇降之道，日月往來之理，攢簇四時八卦七十二候二十四氣，環列鼎中而成真一之體。其理甚簡，其功不繁，無得妄爲，故託諸象，分擘一月三旬中，以闡玄機，以明火用。

爻象者，筌蹄也。屯蒙爲衆卦之首，以象運火生成之始，造化稟受之源，故朝以屯，暮以蒙，作用無過如此而已矣。至若天地陰陽之昇降於四時之中，二月春分之節，陽氣昇到天地之中，陰陽相半，不寒不熱而溫，故爲泰卦☷，亦如月之上弦氣候也，此時陰陽二氣自然相交，聖人不進火候，謂之沐浴也；八月秋分之節，陰氣降到天地之中，亦陰陽相半，不熱不寒而涼，故曰否卦☷☰，亦如月之下弦氣候也，此時陰陽二氣亦自然相交，聖人不進火候，亦謂之沐浴。若於此四卦中得意，何必紛執羣爻，勞心疲思哉？仙翁慈悲，直指其捷徑之如此。

其三十四

俗謂常言合聖道，宜向其中細尋討；能將日用顛倒求，大地塵沙盡成寶。

真鉛真汞不離，常言俗語日用之間顛倒修之，大地俱成至寶。古詩曰：「朝朝只在君家舍，日日隨君君不知。」

其三十五

天地盈虛自有時，審能消息始知機；由來庚甲申明令，殺盡陰尸道可期。

天地盈虛有時者，蓋天地相去八萬四千里，冬至日地中有一陽之氣上昇，一日昇四百六十里二百四十步，五日爲一候，三候爲一氣，三氣爲一節，二節爲一時，即春分日也，計九十日，陽氣共昇到天四萬二千里也，正到天地之中，此時陰中陽半，爲泰卦，其氣變寒爲溫，萬物發生之時，爲春；自此之後，陽氣昇入陽位，亦如前說，漸漸昇到夏至之日，并前計一百八十日，共昇八萬四千里，乃到天也，此時陽中有陽，爲乾卦☰，純陽也，其氣變温爲熱，故曰夏，萬物茂盛之時，故曰盈也；　夫熱極則陰生，故夏至日一陰自天降，亦一日降四百六十里二百四十步，亦五日爲一候，三候爲一氣，三氣爲一節，二節爲一時，即秋分也，計九十日，陰氣共降四萬二千里，正到天地之中，此時陽中陰半，爲否卦，其氣變熱爲涼，萬物結實之時，爲秋；　自此之後，陰入陰位，亦如前，漸漸降到冬至之日，并前計一百八十日，其氣降八萬四千里乃到地，此時陰中有陰，爲純陰坤卦☷，其氣變涼爲寒，故曰冬，萬物收藏之時也，故曰虛也。天地盈虛，因月而見，月從日生，初三日震庚生形，初八日兑丁成弦，十五日乾甲周滿，天地盈之時也；　十六日巽辛受統，二十三日艮丙守弦，三十日坤乙消滅，天地虧之時也。聖人消息天地盈虧之機，移一年氣候在一月之中，以初一日爲冬至，分兩日半爲三十時，以當一月氣候。故初三日月現蛾眉於庚上；　初八日上弦，陰中陽半，即春分日也；　至十五日，得四月節氣，爲純陽，故月圓滿，陽氣盈輪，故曰盈也，此夕月出甲方；　至十六日，一陰生，漸缺，没於庚上，爲夏至；　二十三日爲下弦，陽中陰半，象秋分日也；　至三十日，得十月節氣，爲純陰，陰氣滿輪，故曰虛也。此日之旦，月轉在甲，與日相交，復生陽光，循環不已。運動陰符陽火，一一依天地盈虛，昇降循環六十四卦，由庚甲圓缺之理，運轉抽添，亦猶人君申明號令，故曰「殺盡陰尸道可期」也。

其三十六

歐冶親傳鑄劍方，耶溪金水配柔剛；鍊成便會知人意，萬里誅凶一電光。

歐冶先生鑄劍，天地遺神女爲之侍爐，制以金水，配以柔剛，鍊成，誅剪妖邪，一電光傾，其靈如此。聖人鑄鼎亦如之，以天地爲爐冶，以陰陽爲水火，配以五行，制以神氣，鍊成之後，能曲能直，能柔能剛，能善能惡，能圓能方，心有所思，意有所適，飛揚誅剪，一電光傾，此乃自然神劍也。修丹之士，若無此劍，猶取魚兎而無筌蹄也。仙翁託歐冶而言之，實謂玄珠罔象也。

其三十七

異名同出少人知，兩者玄玄是要機；保命全形明損益，紫金丹藥最靈奇。

經曰：「無名天地之始，有名萬物之母。」又曰：「此兩者同出而異名。」方其無也，真一之氣爲汞，不可見也，故爲天地之始；及其有也，真一之氣如黍，現於空玄，爲鉛，而可見也，故爲天地之母。在天曰離曰汞，在地曰坎曰鉛，其本則同，其出則異，謂玄之又玄。上士至人，執此兩玄之機，以明損益，以治諸身，則形可完命可保也。

所謂損者，「五行順兮常道有生有滅」是也；所謂益者，「五行逆兮丹體長靈長存」是也。吁！純陽紫金立乎天地之始，出乎天地之母，故曰「紫金丹藥最靈奇」者，當知先師歎羨不盡之意也。

其三十八

虛心實腹義俱深，只爲虛心要識心；不若鍊鉛先實腹，且教守取滿堂金。

虛心則無我，無我則萬法皆空，絲毫不立；實腹則鍊鉛乾汞，汞乾形化，與道冥一，而無形矣。二理俱妙，殊途同歸，非大聖人，不能識此。守取滿堂金者，乃一身中精氣神也。修真之士，未鍊鉛以乾汞，其腹未實，其心未虛，則無搖汝精。精少，還丹不成也。

其三十九

大藥修之有易難，也知由我亦由天；若非積行施陰德，動有羣魔作障緣。

魔障在天，修持在我，陰德不施，觸途有礙。

其四十

黑中有白爲丹母，雄裏懷雌是聖胎；太乙在爐宜慎守，三田聚寶應三台。

鉛中取銀即爲丹母，砂裏取汞乃是聖胎，二物感化真一之氣，精結在爐中。惟要精明氣候，恪守規模，不得毫分差忒，故得三性聚會，結成丹寶，上應三台也。

其四十一

長男乍飲西方酒，少女初開北地花；若使青蛾相見後，一時關鎖住黃家。

震爲長男，即龍也；兑爲少女，即虎也；北地，即陰物也；花，陰氣，即虎之弦氣也，謂之鉛火；青娥，姹女也，即龍之弦氣，謂之汞火也。

此言修丹之士，驅龍乍來就虎，故曰「乍飲西方酒」也。虎即開陰户之花之就龍。

若運青龍汞火與白虎鉛火想戀之後，一時封鎖，會於黃家，而產真一之精也。故曰「若使青娥相見後，一時關鎖住黃家」也。

其四十二

偃月爐中玉蘂生，朱砂鼎內水銀平；只因火力調和後，種得黃芽漸長成。

偃月爐，陰爐也，中有玉蘂之陽氣，即虎之弦氣也；朱砂鼎，陽鼎也，中有水銀之陰氣，即龍之弦氣也。金丹只因此陰陽二弦之火調停和合之後，種得真一之芽，長在黃家，結成黍米也。

其四十三

夢謁西華到九天，分明授我指玄篇；其中簡易無多語，只是教人鍊汞鉛。

高象先曰：「思神不覺魂升玉京，上帝矜之，命西華夫人指示丹訣，其篇略曰：『叔通從事魏伯陽，相將笑入無何鄉；準連山作參同契，留爲萬載丹中王。首曰乾坤易門户，乾道男兮坤道女；時人不識真陰陽，茫茫天下尋龍虎。』其言甚多，只是教人明真龍真虎鍊鉛汞而已。」

其四十四

華池醮罷月澄輝，跨個金龍訪紫微；從此眾仙相識後，海潮陵谷任遷移。

華池，丹也，飲罷功圓，脱胎神化，肌膚若冰雪，綽約若處子，形容如秋月，御氣乘雲，遊乎無極，飽觀塵世海變桑田、桑田變海也。

其四十五

未鍊還丹莫隱山，山中內外盡非鉛；此般至寶家家有，自是時人識不全。

龍不在東溟，虎不在西山，家家自有，逆而修之，還丹可冀。山中陰寂，內外非鉛，鉛乃真陽之物，即不遥遠也。

其四十六

縱識朱砂及黑鉛，不知火候也如閑；大都全藉修持力，毫髮差殊不作丹。

金丹造化，全藉金公，毫髮有差，千里懸隔，是以聖人傳藥不傳火也。

其四十七

休泥丹竈費工夫，鍊藥須尋偃月爐；自有天然真火養，不須柴炭及吹噓。

葉文叔指兩腎中間爲偃月爐，謬哉！靡肯自思己錯，更將錯路教人，不揣之甚邪。此爐之口，仰開如偃月之狀而名之，乃北海也，元始祖氣存焉。內有自然真火，何柴炭吹噓之有？

其四十八

一陽纔動作丹時，鉛鼎溫溫照幌帷；受氣之初容易得，抽添運用慎防危。

一陽纔動，乃初九潛龍之位，急宜運用，克期可成，只一時內，又何在九年三載？孰不知下工之初，即赫赤金丹，大如黍米，收入黃庭，養成至寶也。

鉛鼎者，乃洞陽金鼎，存於虛無杳冥之間，乃自然之鼎也。鉛者，先天虛無中物也。下手之後，鉛鼎溫溫，如火之攻，如雲之敷，和暢情性，瀰漫海嶽。鉛若是真，不失家臣，是以鉛爲宗祖，居玄牝之內，爲天地之根，虛靜不能成，作用不能得，其道至妙。照幌帷者，修鍊時精光發溢，行持後秋毫可鑑，觀有藏府。受氣者，受氣之初，陰極陽生，得在受氣。防危者，失在抽添。知其幽隱，仔細詳酌，無忽於時，運用防危，不可輕敵，故有抽添之患天地妙氣易象之法。豈不聞甲劍一揮，魔軍皆散，有調和也。

其四十九

玄珠有象逐陽生，陽極陰消盡剝形：十月霜飛丹始熟，此時神鬼亦須驚。

金液還丹，煅之有象者，自冬至一陽子時進陽火，所以逐陽而生真精；夏至一陰午時退陰符，剝至十月霜飛之時，還丹始熟。脱胎神化，爲純陽之天仙，鬼驚神伏矣。

其五十

兎鷄之月及其時，刑德臨門藥象之：到此金砂宜沐浴，若還加火必傾危。

兎，二月，爲德；鷄，八月，爲刑。此兩月爲沐浴之時，即宜罷火，加必傾危，還丹走失矣。

其五十一

契論經詞講至真，不將火候著於文；要知口訣通玄處，須共神仙仔細論。

火記六百篇，篇篇相似，出入貫串，與天合符。天之所秘，聖莫傳文，須遇真師，無自鹵莽也。

其五十二

饒君聰慧過顏閔，不遇至人莫强猜；只爲丹經無口訣，教君何處結靈胎？

千經萬論，惟布枝條，至道不繁，獨傳心印，未遇真師，縱聰明過於顏閔，徒自揣量，終不能凝結聖胎也。

其五十三

要知鍊養還丹法，自向家園下種栽；不假吹噓并著力，自然果熟脱真胎。

此道甚近，家園下種，其近可知。若求非類，愈求愈遠。同類易施工，何著力之有？

其五十四

四象會時玄體就，五方行處紫光明：；脱胎入口通身聖，無限龍神暗聳驚。

龍虎纔交，即五行四象皆會矣。五行四象會合之時，真一玄體結成黍米，紫色光明，然後密運赤龍，奪歸入口，吞入丹田，立通神聖，天地龍神盡失驚矣。

其五十五

金公本是東家子，却在西鄰寄體生：；認得喚來歸舍養，配將姹女作親情。

此意已在前四韻第九篇中，今不欲重釋，都在作用法象之内。有陽中之陰復陽而又陰者，有陰中之陽復陰而又陽者，又有内藥陰陽水火、外藥陰陽水火，内三性、外三性，内五行四象、外五行四象，又有内外陰陽互用法象，反反復復，不可名狀，吾儕默識心通可也。如未逢真旨，莫能洞曉其端。仙翁作是詩明者，舉一隅斯足矣。

其五十六

萬物芸芸各反根，反根復命即長存：；知常反本人難會，妄作招凶往往聞。

經曰：「萬物芸芸，各歸其根，歸根曰靜，靜曰復命，復命曰常，知常曰明。」夫人未生之前，冥然無所知，混乎至朴；及其生也，禀之陰陽，受之父母。逆而修之，奪先天一氣以爲丹母，賊陰陽真氣以爲化基，鍊形反入於無形，鍊氣復還至朴，鍊神與道而合真，故曰「歸根復命即長存」也。能知常道而反其本者，聖人也，是以長生焉；不知常道，衆人也，是以「妄作招凶往往聞」也。

其五十七

赤龍黑虎合西東，四象交加戊己中；復姤自然能運用，金丹誰道不成功？

東，赤龍之弦氣也，名曰姹女；西，黑虎之弦氣也，名曰金公：二物亦猶砂中汞、鉛中銀也。赤龍黑虎合兩弦之氣，即是南北東西四象交加於戊己中，結就一粒黍米，服歸丹田，却運火自復卦子時起首進陽火，至姤卦午時起首退陰符。復姤是陰陽之元，爲冬夏二至之節也，陰符陽火自此肇始。抽添運用，一一依法，勿令差殊，孰謂金丹不成耶？

其五十八

未鍊還丹須急鍊，鍊了仍當知止足；若也持盈未已心，不免一朝遭耻辱。

光陰迅速，時不待人，未鍊還丹，急須下手。既已鍊了，十月功圓，却須抱元守一，持盈守城，不須用火。若不知足，持不已心，則反招禍辱矣。故鍾離公曰：「丹熟不須行火候，若行火候必傷丹。」到此果能誠心見性，如達磨面壁九載，則道成矣。

其五十九

始因有作人爭覓，及至無爲衆所知；但見無爲爲要道，豈知有作是根基。

世有學釋氏修性之道，執「一切有爲皆是虛妄」之語，以毁老氏修命之道，此知其一不知其二，窺見其門未陞其堂也。焉知修命之道，始則有作，鍊外藥而化形中，則有爲鍊形而化氣；終則無爲自在，謂之抱一，以識其心，以見其性，氣自歸神，神自合道，故形與神俱妙而不測，神與道合真而無形。形既無矣，何謂之有形、有作、有爲、有幻乎？安知其命非性耶？安知其性非命耶？强自分別，曰性曰命，混而一之，未嘗有異。故知有作乃至無作，有形乃至無形，斯道至矣，非中下之所知也。仙翁作是詩以勉後學，但見無爲爲要妙，而不知有爲有作實無爲之根基也。

一本云「筌蹄在手莫我知」也。到岸不須船，十月俄瞠視；凡聖雜朝市，魚龍混通衢；懊惱世間人，對面不相遇。

其六十

鑑形閉氣思神法，初出艱難後坦途；倏忽縱能遊萬國，奈何居舊却移居。

鑑形、閉氣、思神之法，初學甚難，及至習熟，坦然無礙，瞬息之間，遍遊萬國。蓋其陰神善爽靈妙如此。奈何其形屬陰，易弊難固，不免投胎奪舍者也。

其六十一

投胎奪舍及移居，舊住名爲四果徒；若解降龍并伏虎，真金起處幾時枯？

投胎、奪舍、移居之法，謂之四果修行，屬陰神，爲鬼仙，非陽仙也。若能驅龍駕虎，鍊餌金丹，化形入於無形而爲陽仙，始得形神俱妙，與道合真，自不枯矣，豈比他陰神耶？故崔公云「靈光歸去入幽寂，死作陰冥善爽鬼」是也。

其六十二

釋氏教人修極樂，亦緣極樂是金方；　大都色相唯茲實，餘二非真謾度量。

釋氏化人修極樂淨土者，修妙色真金之象也。近世誦佛號化人謂之淨土，此爲中下設耳，實大根大器之塵垢也。殊不知真極樂淨土，固在西方，咫尺不遠，彼處産育真金，其金一粒，大如黍米，重一十六兩，故釋氏有丈六金身。人能鍊此真金，餌之立超聖地，化有形入於無形，聚則金相堂堂，散則入於空寂，變化無窮，蓍龜莫測，隨緣應感，無所不通，而其真身寂然，未嘗有作，故謂之西方極樂。所以云「大都色相唯茲實，餘二非真謾度量」耳。

佛自周末時入滅，數百年至漢明帝時，遣使取得骨來，復埋在鳳翔，唐憲宗又掘出一脛骨，豈知軒皇駕龍昇天之至道者歟！

其六十三

恍惚難求中有象，杳冥莫測是真精；　有無由此自相入，未見如何想得成？

恍惚之中有物者，龍之弦氣也；　杳冥之中有精者，虎之弦氣也。二弦有氣無質也。恍恍惚惚，杳杳冥冥，視之不見，聽之不聞者，真一之氣有靈而無形也。真一子曰：「無者龍也，有者虎也；無者汞氣也，有者鉛精也。」是知二弦之氣相交，故有因無感而生靈，故無因有激而成象，故得有無相因，遞互相入，乃得真一之氣凝結而成黍米，懸於空中，霞光照日。彼之兀兀坐思，塵埃心地，豈知此哉？

其六十四

修行混俗且和光，圓即圓兮方即方；晦顯逆從人莫測，教人爭得見行藏？

被褐懷玉，和光同塵，剖破藩籬，無人無我，内外寃親，取捨俱泯，始合神仙行藏也。

又續添五首

其一

休施巧僞爲功力，認取他家不死方；壺内旋添留命酒，鼎中收取返魂漿。

參同契曰：「同類易施功，非類難爲巧。」修真之士，多執非類假僞之法，施功於己，而不肯下問。他家同類不死之方，能於鼎中採取返本之陽丹、腹内旋添延命之汞水，二物真修身之至寶也。

其二

福禍由來互倚伏，還如影響相隨逐：若能轉使生殺機，反掌之間災變福。

陽主生曰福，陰主殺曰禍，陰消則陽長，陽極則陰生，互相倚伏，如影之隨形，響之應聲，此常道自然之理也。若能返此生殺互用之機而逆修之，則反掌之間，災變爲福，害中生恩，男兒有孕也。

其三

敲竹喚龜吞玉芝，鼓琴招鳳飲刀圭：近來透體金光別，不許常人話此規。

竹乃虛心無情之義也，琴有正聲諧和之義也，龜乃黑虎也，鳳乃赤龍也，龍之弦氣曰玉芝，虎之弦氣曰刀圭。此言龍虎皆是無情之物也，而能相交，故曰「敲竹」，乃二物相擊之義也；龍虎相交，結爲夫婦而和諧，故曰「鼓琴」也。龍虎交，則二弦之氣相吞相啖，而鍊成金丹，光透簾帷，即時採取，餌歸丹田，制己陰汞，然後虛心運火，諧和陰陽，合乎呼吸。以呼吸運用神氣，聚散水火；以水火鍊養胎息，綿綿若存，游泳坎離，交感而生金液也。故曰凡運火之際，忽覺夾脊真氣上衝泥丸，瀝瀝有聲，似有物觸上腦中，須臾如雀卵顆顆，自腭上入重樓，若冰酥甘美，其味無比。如有此狀，乃得金液還丹之道，徐徐嚥下丹田，綿綿不輟，五臟清虛，瞑目內視，有光如燭，五臟中萬道金光出體，如火輪雲霧，盤旋罩身，粲然奇異，豈與塵埃輩比肩哉！

其四

了了猿心方寸機，三千功滿與天齊；自然有鼎烹龍虎，何必擔家戀子妻。

世情濃後道心難，以知人人擔家而愛戀子妻也，不知返本還源之道矣。仙翁嗟念，故作此詩，以警修真之士云耳。

其五

饒君了悟真如性，未免抛身却入身；從此變新修大藥，迥超無漏作真人。

大用未現前，大法未明透，一毫滲漏，抛身入身，若圓明照了，飽鍊金丹，道成十極，號曰真人。

西江月一十二首

仙翁曰：「西者金之方，江者水之體，月者藥之用也。」

其一

內藥還如外藥，內通外亦須通；丹頭和合略相同，溫養兩般作用。

夷門破迷歌曰：「道在內，安爐立鼎却在外；道在外，離坎汞鉛還在內。」此明內外二藥也。夫外藥者，金丹是也，造化於二八爐中，不出半時，立得成就；夫內藥者，金液還丹是也，造化於自身之中，直待十月足，方能脱胎成聖。觀內外二藥，和合丹頭，作用之法，雖略相同，及其用功火候，實相遠矣。吾儕下功之日，內外和合丹頭之際，防危慮險，毫分無忒可也。敬之敬之。

內有天然真火，鼎中赫赫長紅；外爐增減要勤功，絕妙莫過真種。

內藥雖然真火在土釜中赫然長紅，若不憑外爐勤功，增添抽減運用，無令差忒，庶免危殆也。然內外真火變化無窮者，實藉真鉛之妙也。此寶偏能擒汞，不使飛走。或有不達此理，却言內藥以真火烹鍊，外藥假凡火增減，如以管窺天，可付一笑。殊不知内外雖異，其用實同，道不二也。所言内外者，人之一身稟天地秀氣而有生，託陰陽鑄冶而成形，故一形中以精氣神爲本。神生於氣，氣生於精，精生於神，然此三者，後天地生之一氣，至陰之物。修真之士，若執此一身而修鍊，無過精氣神三物而已。奈何三物一致，俱後天地生，純陰無陽，安能出乎天地之物外耶？仙翁所以言：「獨修此物轉羸尫。」鍾離公曰：「涕唾津精氣血液，七件由來盡屬陰。」又曰：「獨修一物是孤陰。」真一子曰：「孤陰不能自產。」參同契曰：「牝鷄自卵，其雛不全。」

聖人知己身之氣，後天地生，乃屬陰物，難擒易失，故採先天一氣，以真陰真陽二八同類之物，擒在一時辰内，鍊成一黍至陽之丹，號曰真鉛，造化在外，故曰外藥。以陽丹擒己陰汞，猶貓捕鼠。陽丹是天地之母氣，己汞是天地之子氣，以母氣伏子氣，豈非同類乎？此造化在内，故曰内藥。仙翁曰：「藥逢氣類方成象，道合希夷即自然。」真一子曰：「未有天地混沌之前，真鉛得一而生，漸生天地陰陽五行。」參同契曰：「先天地生，巍巍高尊。」此皆證金丹先天一氣也。

以先天陽丹點己陰汞，化爲純陽，更假陰陽符火，運用抽添，十月胎圓，形化爲氣，氣化爲神，神與道合，升入無形，變化莫測，故能出乎天地之外，立乎造化之表，提挈天地，陶鑄陰陽而不爲陰陽陶鑄者，是先天一氣使之然也。其絕妙如此，故曰「絕妙無過真種」。安可以後天地至陰之類而爲內藥耶？安可以後天地凡砂凡汞凡火凡水非類滓質之物而爲外藥耶？學道之士，研窮本始，無惑邪說，永墜三途。

其二

七返朱砂返本，九還金液還真；休將寅子數坤申，但看五行成準。

九還七返者，不離天地五行生成之數也。天一生水，地以六成之，水居北，積坎陰之正氣爲真水，故曰居六也；地二生火，天以七成之，火返南，孕離陽之正氣爲真砂，故曰「七返朱砂還本」也；天三生木，地以八成之，木歸東，處震位而爲汞，故曰八歸也；地四生金，天以九成之，金還西，化兌而爲鉛，故曰「九還金液還真」也；天五生土，地以十數成之，土居中，變而爲丹也。故知金丹不出金木水火土而成，故曰「但看五行成準」，安可以寅子數坤申爲九還七返耶？

本是水銀一味，周流經歷諸辰；陰陽氣足自通神，出入豈離玄牝。

真一之水結而成精，精者，汞也。真一之氣一變而爲水，在北；二變而爲砂，在南；三變而爲汞，在東；四變而爲金，在西；五變而爲丹，在中。丹非天地不生，非日月不產，非四時不全，非五行不熟，非總數不成，是以遍歷諸辰，陰陽數足，自然變化通神也。然其妙用造化，出入不離玄牝二門，真爲天地之根也。

其三

若要真鉛留汞，親中不離家臣；木金間隔會無因，須仗媒人勾引。木性愛金順義，金情戀木慈仁；相吞相啖却相親，始覺無中有孕。

此言內象也。家臣，即己之真氣也。己之真氣因真金而始凝結金丹，因己汞而方有神功。二物相須，兩情相戀，乃能變化通靈。故曰：「若要真鉛留汞，親中不離家臣。」

鉛丹屬金則外，己汞屬木則內，二物相隔，無由會合，全仗黃婆，制造成丹，吞入腹中，與己汞配合，要在黃婆勾引也。二性既媒合了，交接陰符陽火，是以木性愛金順義，金情戀木慈仁也。內外金木情性相吞相啖，遂成夫妻，孕育嬰兒在我腹中，始覺無中有孕。此道妙矣！

其四

白虎首經至寶，華池神水真金；故知上善利源深，不比尋常藥品。

白虎首經者，即初弦之氣也，非女子天癸也。若以三峯二十四品毀謗至道，至道可毀乎！九天之不可階而昇矣！

夫真一之氣，在天曰一水，在虎曰初弦，鍊養在華池中曰神水，此乃真金之至寶也。不離真一之精，流歷諸處，有種種異名，而能造化。經曰：「上善若水。」蓋真一之水生於天地之先，故曰上善，其利源甚深遠也，不類尋常後天地生滓質之藥品也。

若要修成九轉，先須鍊己持心；依時採取鍊浮沉，進火隄防危甚。

九轉，九年也。在十月脫胎之後，如達磨面壁，抱一無爲，故使形神俱妙，與道合真，謂之九轉金液大還也。達磨隻履西歸，是其驗也。

欲成九轉，先須十月，下功運火，鍊己持心，依時以運其火，慎守以防其危，採取抽添以定浮沉，以分賓主，守雌不雄，方免危殆，故得形化爲氣，氣化爲神，神化爲虛，超入於無形矣。

其五

牛女情緣道本，龜蛇類稟天然；蟾烏遇朔合嬋娟，二氣相資運轉。總是乾坤妙用，誰能達此深淵；陰陽否隔卻成愆，怎得天長地遠？

牛女一歲一交，太陰太陽一月一合，龜蛇以類蟠虬相扶，此陰陽二氣使之然也，實真道之根本也。金丹大藥作用，一一如之。蓋真一之氣杳然無形，不得二八陰陽之氣相交，安能感格兆形黍米者哉？既得丹餌之後，若無陰陽符火絪緼，焉能變金液還丹者哉？

參同契曰：「關關雎鳩，在河之洲；窈窕淑女，君子好求。雄不孤處，雌不孤居；玄武龜蛇，蟠虬相扶。以明牝牡，竟當相須。」理之所在，夫復何疑？盡是乾坤妙用之機，天地生成之道，誰能達此深淵而顛倒修之，宇宙在乎手。真一子曰：「孤陰不自生，寡陽不自成。須假牝牡合氣，方能有胎化之道也。」

天地所以能長且久者，陰陽交合，自然之道也。天氣不降，地氣不騰，四時不序，萬物不生。以此觀之，陰陽否隔，即成愆尤，焉能天地長久哉！

易曰：「一陰一陽之謂道。」仙翁於此一章，再三致意。深於此道者，當以意會。

其六

此藥至神至聖，憂君分薄難消；調和鉛汞不終朝，早覩玄珠形兆。至士若能修鍊，何妨在市居朝；工夫容易藥非遥，説著人皆失笑。

金丹入口，立躋聖域，豈非至聖至神耶？煅鍊不出半時，金丹立見形兆，豈非至簡至易耶？故説著令人不覺也。得之者，第恐陰功靡薄，不勝其道，必是難矣。

其七

不辨五行四象，那分朱汞鉛銀；燒丹火候未曾聞，早便稱呼居隱。靡肯自思己錯，更將錯路教人；誤他永劫在迷津，似恁欺心安忍？

丹經萬卷，妙在參同契，其間「三字鼎歌」一章，乃丹之骨髓也。舉世學此道者，莫能曉解。胡不思之甚耶？試取此歌證我之所得，如或未明，我之所得未盡善也，何迷惑乎旁門非類之有？今之學者，未識吐舊納新之方，便起飛雲走霧之興，自高自大，模範於人，己自不知悔恨，誤他溺在迷津，擔版一生安忍？

其八

二八誰家姹女，九三何處郎君；自稱木液與金精，遇土却成三性。

二八陰數，姹女即我真氣也，又曰木液；九三即陽數也，郎君即陽丹也，又曰金精。二物相交，會於丹田土釜之中，即成三性也。

更假丁公煅鍊，夫妻始合歡情；河車不敢暫留停，運入崑崙峯頂。

丁公者火也，河車者水也，水火即陰符陽火也。日夕運轉不停，若河畔水車，循環不已也。

此言鉛汞二物在土釜之中，須假火煅，是以内外夫妻始結歡情。運動陰符陽火，不得暫停，搬運氣候，自崑崙頂入，溫養聖胎，化爲純陽金液大丹也。

其九

雄裏内含雌質，負陰却抱陽精；兩般和合藥方成，點化魄靈魂聖。信道金丹一粒，蛇吞立化龍形；鷄餐亦乃變鸞鵬，盡入真陽仙境。

雄裏雌，龍之弦氣也；　陰抱陽，虎之弦氣也。二物相合，靈丹自生，呑入腹中，點化陽魂，以消陰魄。一粒如黍，鷄餐蛇食，亦化龍鸞，飛入真陽聖境。其藥至聖如此。

其十

天地纔經否泰，朝昏好用屯蒙；　輻來輳轂水朝宗，妙在抽添運用。

夫運火下功始於屯蒙，休功終於否泰，日夕搬運符火，歸於鼎中，如車之輪輻輳於轂，若百川之朝宗於海。運用抽添，其妙如此也。

得一萬般皆畢，休分南北西東；　損之又損慎前功，命寶不宜輕弄。

一者，真一之精也。真一之氣生於陰陽，陰陽生四象，四象生五行，五行生萬物，俱不出真一之氣變化也。故真一之精，爲天地之母，陰陽之宗，四象之祖，五行之根，萬物之基。得此一，萬事畢矣。東西南北，皆一也。

損之又損，以慎前功，方能盡得一之妙。蓋一有之象，運用陰陽二火以形之也。既得一，呑歸五內，如前運陰符陽火，亦慎前功，故曰「慎前功」也。慮險防危，不可輕動，恐失命寶。命寶者，玄珠也。

其十一

冬至一陽來復，三旬增一陽爻；　月終復卦朔晨超，望罷乾終姤兆。

冬至一陽生，爲復卦䷗，乃一陽爻也；　又三十日爲臨卦䷒，增二陽爻也；　又三十日爲泰卦䷊，增三陽爻也；　又三十日爲大壯䷡，增四陽爻也；　又三十日爲夬卦䷪，增五陽爻也；　又三十日爲純乾䷀，六陽爻也，乃陽火之候。陽極則陰生，故夏至一陰生，爲姤卦䷫，乃一陰爻也；　亦如前，三十日增二陰爻，爲遯卦䷠，爲否䷋，爲觀卦䷓，爲剝卦䷖，爲坤卦純陰䷁，乃陰符之候也。陰極則陽復生，周而復始，此一年之候。聖人移此一年之氣一月之中，以朔旦爲復卦，兩日半當三十日，至十五日望爲純乾卦，故月圓也。十六日爲姤卦一陰生，故曰「望罷乾終姤兆」。陰氣初萌謂之兆。

日又別爲寒暑，陽生復起中宵；　午時姤象一陰朝，鍊藥須知昏曉。

又將一月之候移在一日之中，分爲寒暑温涼四時之節氣，故以中夜子時一陽生爲復卦，午時一陰生爲姤卦，運用陰符陽火，抽添進退，一一合天地四序，陰陽昇降，不得毫髮差忒。鍊藥須知昏曉陰陽之首。

其十二

德行修逾八百，陰功積滿三千；均齊物我與親冤，始合神仙本願。虎兕刀兵不害，無常鬼賊難牽；寶符降後去朝天，穩駕鸞輿鳳輦。

抱一九載，功滿道成，物我俱忘，形化爲無形。形既無矣，何刀兵虎兕之能害？無常火宅亦何能牽哉？於是和光混俗，救度眾生，物我不計，冤親坦然，天降寶符，身飛碧落。此真大丈夫出世間功成名遂之時也。

其十三

丹是色身妙寶，鍊成變化無窮；更能性上究真宗，決了無生妙用。不待他身後世，見前獲福神通；自然龍女降奇功，爾後誰能繼踵？

仙翁作丹書一卷，恐後不信，又作西江月十二章，使人明西來之意，會西歸之旨也，安得圓明了悟之人，又聞至道？

丹是色身妙寶，度此色身，即是空身。空此幻身，則玉符保神，金液鍊形，形神俱妙，與道合真。烏知達磨西來爲悟真翁耶？悟真翁爲達磨耶？

悟真篇註釋卷下

悟真下篇，蓋紫陽先生讀參同契之作也。其神仙抱一之道，乃聖人運火功圓而體化純陽真氣，然後抱元九載，俾氣成神，與道冥一之謂也。故曰：「道爲性本，性是心源，心性同體，變化無邊。百姓不知，乃曰自然；若能了悟，忘象忘言。虛心實腹，抱一而還；功成九轉，乃得神仙。」此其旨也。

夫九轉者，九年也，乃陽極之數也；一者，道之强名也；抱者，抱無所抱也。神仙當此之際，墮肢體，黜聰明，離凡塵，齊物我，無固無必，無取無捨，心境一如，逍遥自在，故得泰定，發乎天光，九載功圓，則無爲之性自然，無形之神自妙，變化無窮，隱顯莫測，性圓則慧照十方，通靈無礙，故能分身百億，應現無邊，而其至真之體，闃然而未嘗有作也。此形性神命俱，而道合真矣。故謂之神仙抱一之道矣。

昔者仙翁成道後，示劉奉真之徒以「無生」而入寂，既入寂矣，而又能現真身於王屋山者，即斯道也。昔達磨面壁九年，既入寂矣，而又能隻履西歸者，此也。昔如來涅槃後，自湧金棺，於空中化火三昧，既焚身，竟因母哭泣不已，又能現金身於空中，爲說半句偈者，亦斯道也。普陀既投身於巨焰，又能釋身於空中。若此之流，未易悉數，儻非性命之道雙圓，形神之真俱妙，孰能若此哉？是以仙翁畢其卷末而以禪宗性道者，實非神仙抱一之道也。故愚分作三卷。

夫性之道，虛無廣漠，默默昏昏，無可得而言，人與非人，悉皆平等，無有高下。但無始以來，凡有形與名者，未有一物不圓成具足矣。以其本始自然，清靜足備，故未始有可得而言者。然則大藏有五千餘卷者，此皆味道之甚，不獲已而强言之者也。故後人因言以明道。若道既明，則語言俱成非矣。故金剛經云：「若人言如來有所說法，即是謗佛。」是知有言即是謗也。今則仙翁歌性道，不獲已而言之者也，故已多矣，此愚所以不復敢加疣贅也，唯願猛烈高明之士，不由外得，直於自己胸中自悟自明，卓然獨耀，直下承當，拓拓受用，將去不問，靜喧語默，酒肆淫坊，恁麼也得，不恁麼也得，頭頭無別，處處偶偕，盡十方世界，具一隻眼，出一隻身，妙用縱橫，四通八達，蓋天蓋地，無所運而非真，無所施而不可者，即知這裏本來清靜具足，元無少欠，理路絕矣。無問無應，無思無知，雖佛一字，抑亦用不著也。

讀周易參同契

大丹妙用法乾坤，陰陽運兮五行分。五行順兮常道有生有滅，五行逆兮丹體常靈常存。

乾坤者，父母也。乾坤運陰陽二氣，化五行而生萬物者也，故順陰陽陶鑄則成人矣。是以人之一身，所以陰陽相半者，因陰陽而有形也。自陰陽而有形，故有生有滅矣。夫陽主生，陰主死，一生一死，一去一來，此常道順理之自然者也。聖人則之，反此陰陽，逆施造化，立乾坤爲鼎器，盜先天一氣以爲丹，以丹鍊形，入於無形，與道冥一。道同無極，仙豈有終，是以常靈常存也。

一自虛無化質，二儀因一開根：，四象不離二體，八卦互爲祖孫。萬象生乎變動，吉凶悔吝茲繁：，百姓不知日用，聖人能究本根。故易妙造化之體用，故託象於斯文。

虛無，道之體也。道生一氣，而變陰陽，故陽天陰地，二儀是也。天以一生水，居北，曰冬：，地以二生火，居南，曰夏：，天以三生木，居東，曰春：，地以四生金，居西，曰秋：　而成四時，謂之四象也。天爲乾，居戌亥：，地爲坤，居未申。坤索乾而生三男：　長曰震，居卯：，中曰坎，居子：，少曰艮，居寅丑。乾索坤而生三女：　長曰巽，居辰巳：，中曰離，居午：，少曰兑，居酉。合成八卦，謂之八方。故子至巳爲陽界分，自午至亥爲陰界分，陰陽運轉，則四時之氣，循歷八方，更相始終，互爲祖孫，而成變化。故春夏爲至陽之氣，生長萬物以德，萬物承之以舒矣：，秋冬爲至陰之氣，肅殺萬物以刑，萬物承之則慘矣。

吉凶悔吝，萬象八卦，四時陰陽，皆出於一氣而生大道者也。是以大道與氣爲祖，四時陰陽，五行八卦，萬象變改，吉凶悔吝之一體，則無乎不在矣。故雖視聽言貌，寢味舉止，觸事喧鬧，恢詭譎怪，無適而非道也。故道在人中而人不知，人在道中而道不虧矣。是以百姓日用而不知也。

聖人探奥索隱，窮理盡性以至於命，故能作易道之妙用，立乾坤爲易之門户，乾坤立而道行乎其中矣。是故乾坤索而成八卦，八卦相因而變爲六十四卦。一卦六爻，陽爻奇，陰爻偶。故陽之一爻四，因九數而得三十六策，六陽爻共得一百九十二爻，乾之策也：，故陰之一爻四，因六數而得二十四策，六陰爻共得一百九十二爻。

因乾坤二篇分三百八十四爻，合成一萬有一千五百二十策，是爲太極大衍之數，囊括三才，包含萬象，故吉凶悔吝之機，死生禍福之兆，未有能逃此數，而皆有所考矣。故曰易之妙盡造化之體用也。魏公觀此易道與金丹相侔，故託易象作參同契，以明大丹之旨而寓其言而矣也。

否泰交，則陰陽或升或降；屯蒙作，則動靜在朝在昏。坎離爲男女水火，震兑乃龍虎魂魄。守中則黄裳元吉，遇亢則無位而尊。既未慎萬物之終始，復姤昭二氣之歸奔。月虧盈，應精神之衰盛；日出没，合榮衛之寒温。本立言以明象，既得象以忘言；猶設象以指意，悟其意則象皆捐。達者唯簡唯易，迷者愈多愈繁。故修真之士，讀參同契者，不在乎泥象執文。

修丹之要，不出「金」「火」二字。金者，金丹也，又曰真鉛也；火者，陰陽二氣也，又曰陰符陽火也。夫修金丹，先以真陰真陽之物立爲爐鼎，然後誘太極一氣爲丹。太極之氣，混合虚無，不可求測，苟不以真陰真陽之物而誘之，則不能降靈成象矣。是以參同契立乾坤二卦爲鼎爐，分坎離二卦爲藥物，處於中宫；其餘諸卦，分在一月三十日中，以運符火。故乾坤者，龍虎也，震兑也，夫婦也，魂魄也；坎離者，鉛汞也，水火也，男女情性也。觸類而長之，則不可勝紀矣。原其至當而言之，無過比喻真陰真陽之二物也。以此二物，合氣於中宮黄道之室而鍊成丹，故曰「守中則黄裳元吉」也。既得丹餌，非真火無以育其聖胎，是以運元陽之氣爲火，火無定位，周流六虛，故曰「遇亢則無位而尊」也。

夫天一生水，在人曰精；地二生火，在人曰神。夫人之精神榮衛一身，常與天地陰陽四時五行之氣運行不息。故冬至之日，地有一陽之氣上升，爲復卦，人之元氣亦如之，故進陽火；至二月，陰陽之氣相半，自然交併，爲泰卦，人之元氣亦然，是以息火，謂之沐浴；夏至之日，天中有一陰之氣下降，爲姤卦，人之元氣亦然，故進陰符；至八月，陰陽之氣相半，自然交併，爲否卦也，人之元氣亦然，是以停符，亦謂之沐浴。故曰「否泰交則陰陽或昇或降」也。聖人移此一年氣候於一月三十日中，以兩日半計三十辰以當一月，故自月之一日已後，太陰之光初萌，爲復卦用事；至十六日以後，月漸虧，爲姤卦用事；至下弦二十三日，月虧一半，金水半分，爲否卦用事。故曰「月虧盈，應精神之衰盛」也。又移此一月氣候於一日十二時辰中，子時一陽生，故人之腎中有一陽純精之氣上昇，進陽火，爲復卦；午時一陰生，故人之心中有一陰至神之氣下降，進陰符，爲姤卦。故曰「復姤昭二氣之歸奔」也。夫日出爲晝，日没爲夜，聖人運動符火於一日一夜之中，分擘温涼寒暑之氣，外應天符，内合榮衛，消長一身，抽添運用，温養子珠，故曰「日出没，合榮衛之寒温」也。夫子時起陽火，子爲六陽之首，故爲朝，用屯卦直事，故曰「屯蒙作，則動静在朝在昏」也。一日一夜，兩卦直事，三十日計六十卦，屯蒙爲六十卦之始，既未爲六十卦之終，終而復始，始而復終，故曰「既未慎萬物之終始」也。

已上皆魏公以金丹之道，至簡至易，無可云爲，敷揚秘典，故假易卦意寓於言，俾學者觀斯卦象，悟其意以曉其言。苟得金丹秘要，則乾坤、坎離、震兑、龍虎、情性、魂魄、鉛汞、水火之類，皆可忘言矣；苟明運火真機，則屯蒙、既未、復姤、否泰卦象爻銖，皆可無用也。此仙翁恐學者讀參同契不曉魏公之意，唯只泥象執文，而不知指象忘言之意，故作此以示同志，其仁慈濟物之如此。

雖然，自非至人口訣，然亦未能有以蹈堂奧之萬一者也。

陳攖寧文集（全十一冊）

女子道學小叢書
李涵虛仙道集
道言五種
名山遊訪記
重訂女子丹法彙編

存真書齋仙道經典文庫已出版圖書

心一堂出版存真書齋仙道經典文庫書目

道言五種（修訂版）　〔清〕陶素耜　著　玉溪子　增批　蒲團子　校輯
李涵虛仙道集（修訂版）　〔清〕李涵虛　著　蒲團子　校輯　三一子　張利瓊　參編
女子道學小叢書（修訂版）　陈撄宁　校訂　蒲團子　校輯　三一子　張利瓊　參校
通一齋四種　方内散人　著　蒲團子　編訂
稀見丹經初編　蒲團子　編訂　龍靈　張利瓊　參編
因是子靜坐法四種　因是子　著　蒲團子　輯
參悟集註　〔清〕知幾子　集註　蒲團子　編訂
抱一子陳顯微道書二種　〔宋〕陳顯微　著　蒲團子　編訂
稀見丹經續編　蒲團子　編訂　龍靈　張利瓊　參編
重訂女子丹法彙編　蒲團子　編訂　張莉瓊　參訂
李文燭道書四種　〔明〕李文燭　著　蒲團子　編訂
稀見丹經三編　蒲團子　編訂　龍靈　張利瓊　參編

柱下文化重點書目

丹經匯編第一輯　蒲團子　編訂　龍靈　張利瓊　參編
〔戊子年改訂本〕名山遊訪記　高鶴年　著　陳攖寧　重編　蒲團子　編訂
參悟闡幽　〔清〕朱元育　著　潘靜觀　述　蒲團子　校輯
參同契講義（附仙學必成）　陳攖寧　著　蒲團子　校訂
悟真篇四註（附悟真篇註釋）　〔宋〕张紫陽　著　薛道光等註　蒲團子　編
陳攖寧文集（全十一册）　陳攖寧　著　蒲團子　編
胡海牙文集（全两册，仙道書信集即將出版）　胡海牙　著　蒲團子　編
龙虎三家「丹法」析判　蒲團子　著
陳攖寧仙學随談（已出版三輯，第四輯即將出版）　蒲團子　著
本草備要評註（待出版）　蒲團子　著
讀悟真篇筆記（暫定名，待出版）　蒲團子　著